中国服务经济丛书

专业服务业：治理与发展

Professional Service Industry

GOVERNANCE AND DEVELOPMENT

石弘华 著

山西出版传媒集团 山西经济出版社

图书在版编目(CIP)数据

专业服务业:治理与发展 / 石弘华著. —太原:山西经济出版社,2012.1

(中国服务经济丛书)

ISBN 978-7-80767-485-6

Ⅰ.①专… Ⅱ.①石… Ⅲ.①服务业—经济发展—研究—中国 Ⅳ.①F719

中国版本图书馆 CIP 数据核字(2011)第 278588 号

专业服务业:治理与发展

著　　者:石弘华
责任编辑:李慧平
助理责编:王童彦
封面设计:卫　玮

出 版 者:山西出版传媒集团·山西经济出版社
社　　址:太原市建设南路 21 号
邮　　编:030012
电　　话:0351-4922133(发行中心)
　　　　　0351-4922085(综合办)
E-mail:sxjjfx@163.com
　　　　　jingjshb@sxskcb.com
网　　址:www.sxjjcb.com

经 销 者:山西出版传媒集团·山西经济出版社
承 印 者:山西人民印刷有限责任公司

开　　本:787 毫米×960 毫米 1/16
印　　张:9.25
字　　数:164 千字
印　　数:1—3000 册
版　　次:2012 年 1 月第 1 版
印　　次:2012 年 1 月第 1 次印刷
书　　号:ISBN 978-7-80767-485-6
定　　价:25.00 元

序 言

当今世界，服务业已成为经济社会发展的战略引擎，成为世界经济增长的重点所在。服务业的兴旺发达，是现代经济的重要特征，也是国家竞争优势的重要解释变量。各国工业化、信息化、城镇化、市场化、国际化的深入发展，以及产业结构(供给结构)、需求结构、要素投入结构和产业组织结构的调整升级，正在与服务业发展之间形成广泛深入的互动效应。与此同时，我国发展中不平衡、不协调、不可持续的问题仍然比较突出，加快转变发展方式的要求日趋强烈，迫切要求加快发展服务业，加快形成三次产业在更高水平上协同发展的格局。《国民经济和社会发展第十二个五年规划》提出要以科学发展为主题，以加快转变经济发展方式为主线，坚持把经济结构战略性调整作为加快转变经济发展方式的主攻方向，把推动服务业大发展作为产业结构优化升级的战略重点。推动服务业大发展，有利于顺应我国发展的新的阶段性特征，推动经济社会结构加快转型，是推进经济发展方式转变的重要突破口。

“十二五”时期，是我国经济社会发展的重要战略机遇期，也是推动我国服务业大发展的良机。在此期间，我国全面建设小康社会正处于关键时期，深化改革开放、加快转变经济发展方式正处于攻坚时期。错过“十二五”，就会错过推动服务业大发展的契机!

在“十二五”期间，加快发展服务业，有一系列有利条件，也面临着严峻制约和挑战。特别是，我国经济社会发展面临若干重大阶段性乃至“拐点性”变化，为加快发展服务业提供了特殊机遇和新的要求。一是从2011年开始，我国城市人口将超过农村人口。这意味着城市发展和城市化对服务业发展的拉动作用将明显增强，城市生产方式和生活方式对发展方式转变的带动效应将显著增强。二是我国在总体上处于从中等收入国家向中等发达国家迈进的阶段，需要时刻警惕“中等收入陷阱”。这就要求我国通过发展服务业，在鼓励创新创业和扩大就业，在解决民生问题、缓解社会矛盾、增进社会和谐方面有更大作为。三是到“十二五”末，服务业很可能同时成为三次产业中占国内生产总值比重最高、吸纳就业人数最多的产业。因此，在产业结构优化升级和现代产业体系建设中，更需要把促进服务业大发展放在突出地位，在更广领域、更深层次上推进服务业与三次产业融合发展、协同发展和互动发展。四是我国人口老龄化进一步深化，由此将会深刻影响服务业的人才和劳动力供给，并深刻影响服务业需求（结构）和重点产业选择。到“十二五”末，我国65岁及以上老人占总人口的比重很可能超过10%，60岁及以上人口很可能超过2亿人。

在此背景下，加强对服务业发展的理论和政策研究至关重要。这也是许多发达国家加快服务业发展的重要经验之一。为了从理论与实践的结合上，更好地促进我国服务业发展的理论和政策研究，山西经济出版社邀请我担任主编，推出这套山西省重点图书——“中国服务经济丛书”。本套丛书冠名“中国服务经济丛书”，主要有两个原因。一是服务经济是以服务业为主导的经济形态，代表着以现代服务业为主导的发展方式；在发展服务经济的过程中，必须以发展服务业和促进服务业与三次产业融合发展为重点。这些恰好是本套丛书关注的重点。二是无论当前是按照服务业增加值占国内生产总值的比重，还是按服务业就业占全社会就业的比重，我国都还没有进入服务业占主导地位的服务经济时代。但是，我国已有部分地区、部分行业在发展服务经济方面走在全国前列，发展服务经济同样不可错过战略机遇期。2010年，在我国36个省会城市和计划单列市中，已有16个城市服务业占国内生产总值的比重超过50%。

本丛书的作者主要来自国家发改委宏观经济研究院。基于作者们的研究专长和工作特点，考虑当前国内服务业或服务经济图书市场的状况，本套丛书将力求突出3个特点：其一，突出宏观性或战略性。本套丛书大多针对中国服务业发展的宏观性、战略性问题，尽可能进行深入分析。虽有个别书的内容偏重于微观分析，但它关注的内容也是中国服务业发展中较为重要的战略性问题，或较具成长性的领域。其二，突出前瞻性和前沿性。邀请一批主要从事服务业或服务经济理论，特别是政策研究的学者，就中国服务业和服务经济发展的前沿问题进行前瞻性分析，避免空谈，力戒无病呻吟。其三，突出现实指导性和可读性。本套丛书力求有别于主要介绍国际经验或服务业发展一般理论的图书，坚持理论联系实际的原则，针对中国服务业或服务经济发展的现实问题进行探讨，并提出建设性意见。本套丛书还力求增强文字的可读性。当然，本套丛书实际上能否体现以上3个特点，最权威的评判是读者，而不是我们作者自己。

本套丛书的出版，首先应该感谢山西经济出版社的慷慨支持，尤其是总编辑赵建廷编审和第一编辑室主任李慧平副编审，他们对出版本套丛书的热情支持让我们感动，他们良好的敬业精神和优秀的专业素质，为提高本书编辑质量提供了保证。赵建廷先生和李慧平女士是我多年的老朋友，我多次受益于他们的支持，这次我又荣幸地获邀担任本套丛书的主编，借此机会感谢他们和山西经济出版社对我的信任，是必须的！本套丛书出版，还要感谢各位作者所在单位，尤其是国家发改委宏观经济研究院及其产业经济与技术经济研究所、经济体制与管理研究所提供了良好的科研环境。

实施“十二五”规划，等于吹响了服务业火热发展的号角。近年来，我国服务业发展的实践如火如荼，对加强服务业和服务经济研究的需求日趋旺盛。但是，坦率地说，我国服务业、服务经济发展的理论和政策研究，同推动服务业大发展的需求仍有很大差距。但愿本套丛书在加强服务业、服务经济理论和政策研究方面能够真正的有所贡献！但愿本套丛书能让广大读者，真正的有所启发，则幸甚！

姜长云

2011年12月17日

于北京西城区国宏大厦

目 录

第一编 导论

第二编 本质与治理

第一编 导 论

第一章 导 论

一、研究背景

随着知识经济时代的到来，人们在追求“体验”过程和个性化消费的同时，也需要大量多方位、多层次的专业性服务（汪丁丁，2001）。这促使了专业服务业企业的迅速兴起，其影响力也日益深远，逐渐成为各国经济增长的动力源，并成为知识经济时代的重要企业形式。专业服务业企业的基础性工作为世界经济运行扫清了许多巨大障碍。如果没有专业服务业企业，商业发展将寸步难行（Sharma，1997）。例如，在资本市场上，投资者的投资决策在很大程度上依赖于会计师事务所专业的审计报告，这些审计报告需建立在诚信的基础上，并严格遵循国际会计准则的规范要求，如果没有了它们，资本市场将失去最重要、最基础的信任；而在复杂的公司商业交易过程中，法律事务所提供的专业法律咨询也起到了很重要的保障作用（Lorsch和Tierney，2002）；它们充当了各个国家和地区、各种社会体制之间的黏合剂，使跨国购并这种复杂的商业交易得以顺利进行（Greenwoodetal.，2005）。

专业服务业企业在当代经济运转中扮演着关键角色。它们不仅是商业活动全球化的守护神，还是从服务经济转向知识经济的领跑者。专业服务业企业的发展势头迅猛，势不可当。以美国为例，该国专业服务业企业在20世纪50年代至70年代中期，年增长率达到33%；在1978～1986年间，就业人数增长了53.8%，同时期其他产业就业人数增长仅为13.1%；法国同期这两项数据分别为25.4%和0.1%

(Lowendahl，2005)。并且，专业服务业企业逐渐壮大，其中部分优胜者已进入了世界跨国企业的行列，如麦肯锡（McKinsey & Company）、波士顿咨询公司（The Boston Consulting Group）、安盛（Andersen Consulting）、罗兰·贝格（Rolandberger）、IBM 全球服务公司（IBM Global Services）、德勤（Deloitte Touche Tohmatsu）、埃森哲(Accenture)、普华永道（PricewaterhouseCoopers）、安永（Ernst & Young）和毕马威国际（KPMG International）等。以会计师事务所毕马威（KPMG）为例，2010 年其在 146 个国家和地区设有分支机构，员工规模已经达到 13.8 万名，企业年收入突破了 206.3 亿美元[①]。

与传统工业企业相比，专业服务业企业更加突出专业服务高度的客户定制性和员工与客户的面对面互动（Maister，1993）。这降低了物质资本的重要性，并提升了人力资本的重要性，员工拥有了更多外部选择的机会，随着外部机会的增多，那些拥有高素质人力资本的员工能够非常容易地离开一个企业，加入另一个企业或者自己创业（Rajan 和 Zingales，1998）。人力资本逐渐取代物质资本成为企业价值创造的重要乃至主要源泉，从而深刻地改变了企业进行商业活动、组织工作和结构的方式(Sang-Woo Nam，2003)。这种变化，导致企业的本质及其诸如企业权力、企业边界、企业治理等相关问题发生重大变化，需要我们重新认识和研究。

员工专业服务水平的高低直接决定了专业服务业企业所提供服务的质量和企业的利润，为了提高员工的专业服务水平，要求其不断进行学习和提升自身的能力，即人力资本投资。因此我们必须将企业治理的焦点从减少股东与经理之间的代理成本转到研究企业如何向人力资本提供激励的机制（Rajan 和 Zingales，2000）；而员工在提供服务的过程中，要与客户面对面地交谈，这就容易导致敲竹杠（hold-up）、道德风险等不利于专业服务业企业发展的行为，如何防范这些行为并合理有效地控制人力资本也关系到专业服务业企业治理的成功与否。随着人力资本被纳入企业治理的范畴，设计一套制度安排以处理企业内各个参与者之间的关系成为新型企业治理的焦点所在（Blair，1999）。传统企业理论特别是产权理论能够较为理想地解释以物质资本为企业关键性资源的传统工业企业的治理问题，但当专业服务业企业的关键性资本转变为人力资本时，传统企业理论的适用性将大打折扣（陈和，2009）。这迫使我们重新思考那些曾经视为理所当然的东西。同时，专业服务业企业的重要性日益凸现，其治理问题也越来越需要我们关注。

①数据资料来源于该企业的网站。

二、研究意义

本研究不仅是一项充满挑战性的工作，更是一项具有一定理论意义和现实意义的工作。

（一）理论意义

企业治理源于贝利和米恩斯（Berle & Means，1932）在其著作《现代公司与私有产权》中对现代公司所有权与控制权分离问题作出的分析。他们认为管理者权力的增强将会导致投资者利益面临遭受损害的危险，担心两权的持续分离可能促使管理者掠夺公司。投资者与管理者潜在的利益背离产生了投资者监督与约束管理者行为的要求，也即实施治理的要求。自贝利和米恩斯（Berle & Means）以来，学术界对企业治理问题的研究基本上一直是围绕着代理问题展开的。

传统理论通常使用产权理论、交易费用理论、委托代理理论来研究企业治理问题。这些理论在研究以物质资本为主体的传统企业的相关治理问题时适用性很强。但随着技术的进步，特别是信息技术进步，高技能性人力资本正日渐成为企业最为核心的资本。企业治理研究的发展趋势将逐渐把焦点转向研究企业的关键性资源——人力资本；包括如何为人力资本提供进行企业专用性投资的激励，如何让人力资本实现企业的利润分享，如何对人力资本实行有效的管理和监督等。

正基于此，本书在汲取传统理论的基础上，利用一种新的理论——关键性资源进入权理论来研究以专业知识和技术及其载体——人力资本为企业关键资源的专业服务业企业的本质及其治理问题，并以新的研究视角为该理论的深入应用和推广做出贡献。

（二）现实意义

经济全球化的过程是世界范围内各国、各地区的经济相互交织、相互影响并融合成一个整体的过程。在这个过程中，生产要素在全球范围内实现自由流动，寻求优化配置。各国间的合作障碍日益减少，渗透和依存关系不断增强，各个国家程度不同地分享着全球市场上生产要素自由流动而实现的资源最佳配置带来的收益。随着政府干预的减少，各国间市场信息的完善，全球网络的普及带来的信息成本的降低以及交通运输方式的不断发展，世界市场越来越成为一个整体，即形成了全球市场。中国经济在全球化的背景下要持续快速地发展，必须致力于依靠知识，走集约型发展道路，利用后发优势，找到在新的经济环境中积极参与全球市场、有效地发挥自身优势的途径。其中，大力发展服务业是必由之路。2011 年是中国“十二五”规划的开局之年。在政府的“十二五”规划文件中规定，服务业增加值比重 2015 年将达到 47%，年均增长 4%。要达到这一目标，未来 5 年服务业增速要高于过去 5 年。这也意味着在大力提倡产业结构转型与升级的今天，服务业迎来了前所未有的发展机遇，专业服务业企业在国民经济中的地位和作用也将变得日益重要。

快速发展的专业服务市场为中国本土专业服务业企业带来了巨大的机会，但中国本土专业服务业企业起步晚，起点低，缺乏规模优势和经验积累，尚处于发展初期，与发达国家在完善的市场经济体制下长期积累的竞争优势相比，我们不具备竞争实力。特别是在提升企业自身竞争力的企业治理方面，从对企业本质特征的认识，到具体企业治理目标和治理机制，以及治理模式和配套制度等各个层面，中国本土专业服务业企业存在诸多隐忧。

在此背景下，通过对专业服务业企业治理理论研究，探讨中国本土专业服务业企业的治理实践和出路将具有很强的现实意义。

三、相关研究综述

（一）专业服务业企业的定义

Greenwood（1990）、Masister（1993）、Lowendahl（1997）和 Nachum，L.（1999）等诸多学者都有过关于专业服务业企业的详尽描述，尽管他们关注的焦点不太一样，但对专业服务业企业的定义大体上并没有太大的分歧。

Greenwood（1990）认为专业服务业企业是指由专业人士组成的组织，这些专业人士通过给商业机构提供建议以便于经济活动和促成交易。这些组织包括会计师事务所、律师事务所、工程和管理咨询机构、建筑服务企业、广告公司、投资银行，还包括计算机软件服务商和技术集成商等。与其他大多数企业不同，这种企业缺少等级制度（lack hierarchy），权力得到下放（decentralized）并且权力结构相对分散。

Masister（1993）在其经典著作《专业服务企业治理》（*Managing the professional service firm*）中指出，专业服务业企业指的是在特定领域，具备精深的专业知识和丰富的经验提供专业服务的企业。他把研究的重点放在了这类企业的管理上，他认为专业服务业企业的管理与其他工业型企业或餐饮业、航空公司等普通服务型企业的管理有很大的不同。为了提供让客户感到满意的服务，专业服务业企业需要充分发挥专业人士的潜能、自主性和创新能力；在这类企业中，员工既是生产力，又是企业的产品。吸引和留住高素质且稳定的团队是专业服务业企业健康成长和盈利的关键。因此，他认为“专业服务业企业的资产就是企业的员工”。

Lowendahl（1997）从专业服务业企业特征的角度给出了定义，他指出专业服务业企业是具有高知识密集型的服务、专家专业的评估或诊断、高度定制化、大量融入专家们的甄别和个人判断、客户的高度参与和交流、受到职业行为规范约束的一类企业。

美国统计局（1998）对专业服务业企业的内涵概述为：从事专业科技服务，一般需要掌握较高水平的专业技术，并经过专门培训，为各种产业或个人家庭提供专门的服务，包括有法律建议与诉讼、会计、建筑工程与专业设计、计算机服务、咨询、研究、广告、摄影、翻译与口译、兽医及其他专业科技服务。这一领域的商业活动不同于人们平时所描述的那种商业交易、企业贸易，而是用于在商品评估、货物与服务的贸易活动中维持交易过程的顺利开展。

Travica（1998）从另一种角度给出了专业服务业企业的定义，他将专业服务业企业归为知识密集型企业的子集。其后，Haney（2003）利用关系图做了进一步的补充（如图 1-1）。他认为以工业化时代和后工业化时代为界，虽然专业服务业企业和知识密集型企业的出现都早于后工业化型组织时代，但大部分还是应包含于更大的

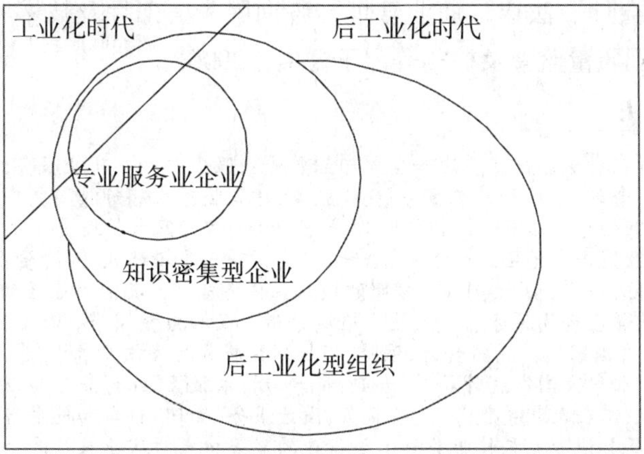

图 1-1 专业服务业企业、知识密集型企业和后工业化型组织关系图

资料来源 Debra S. Haney: *Knowledge Management in a Professional Service Firm*, Indiana University, 2003.

集合——后工业化型组织之中。

Nachum, L.（1999）则认为专业服务业企业通常被看作是一种有别于制造业和其他一般服务企业，具有自身独特性的一类企业。

到了20世纪90年代，虽然专业式控制、科层制控制的组织机制问题和典型“专业”问题的研究仍在持续进行，但伴随着对于以专业服务业企业为典型代表的知识密集型企业研究的兴起（Alvesson，2000）以及管理咨询等产业的高速发展，学者们在关注“专业”的社会意义之外，不再严格地限制“专业”这一条件，更多地从管理视角出发讨论知识密集、技术密集型员工的管理，如何激励和留住具有高知识性和高流动性的员工（Teece，2003），专业服务业的范围也相应得到了扩展（Greenwood，2005）。这种概念范围的扩展将学者的焦点更多地引向了商业企业，原本具有专业特征的非商业组织逐渐淡出了主流研究的视野。律师事务所和会计师事务所仍然是专业服务业中较为典型的例子，但与医疗相关的组织逐渐较少被提及了，取而代之的是管理咨询和广告行业。

在国内，按照国家统计局的统计分类标准，未设定单独的专业服务业分类统计指标，而是将其与租赁归为一类，以“专业服务与租赁”细项体现在国家的统计年鉴中①。但香港地区对专业服务业企业有明确的定义，是指某个组织或个人应用某些方面的专业知识和专门知识，按照客户的需要和要求，为客户在某一领域内提供特殊服务，其知识含量和科技含量都很高，是已经获得和将要继续获得巨大发展的行业。具体包括：会计、法律、商业管理与咨询服务、工程及技术服务、建筑设计、教育与服饰设计、质量监督及检测等（王德生，2006）。

---

①在国际上也存在类似的情况。比如世贸组织将专业服务归纳在商业服务的范围内，包括12个服务类别：法律服务；会计、审计和簿记服务；税收服务；建筑服务；工程服务；集中工程服务；城市规划和风景建筑服务；医疗与牙医服务；兽医服务；助产士、护士、理疗家和护理员提供的服务。据欧盟统计局工业的分类标准，欧盟国家范围内的法律、会计、咨询、广告、市场研究、人力资源等行业也归属在商业服务大类中的“其他商业活动”类目下。按照欧盟工业分类标准，“其他商业活动”类目主要包括以下内容：会计、法律以及管理咨询服务、广告、技术检测分析以及人力资源等。而根据北美工业分类体系（NAICS 2007），加拿大国家统计局将会计、法律、市场研究服务与咨询归属于“专业、科学与技术服务”这一大类的体系中。加拿大国家统计局对“专业、科学与技术服务”的行业分为以下几个方面：会计及相关服务、法律、建筑、工程及相关服务、测绘服务、设计服务、管理、科学和技术咨询服务、科学研究与开发服务、广告服务及其他专业科技服务等。该行业的显著特点对从业人员的个人技能要求较高，从业人员一般要具备大学或以上学历水平，并经过专门培训获得相关执业资格认证才能为各产业或个人、家庭提供专门的服务。据欧盟统计局工业的分类标准，欧盟国家范围内的法律、会计、咨询、广告、市场研究、人力资源等行业归属在商业服务大类中的“其他商业活动”类目下。按照欧盟工业分类标准，“其他商业活动”类目主要包括以下内容：会计、法律以及管理咨询服务、广告、技术检测分析以及人力资源等（王德生，2009）。

另外，也有部分学者，如郑琴琴和李志强（2007）指出，专业服务业企业属于新兴服务行业，具有高度知识密集型、高度顾客定制的特点；它们主要服务于企业型顾客，是根据每一个顾客的独特性，借助专业的评估或诊断进行方案设计，找到合适的解决方法，提出具有针对性的建议、方案的一类企业。王勍然（2010）将专业服务业企业界定为以会计、法律、投行、建筑服务等行业为代表的，由拥有专业从业资格的专家，针对客户在特定情境下的独特问题，结合自己与客户的知识，通过长期的紧密互动，定制化地提出商务解决方案的企业。

笔者赞同 Masister（1993）和 Lowendahl（1997）的定义，专业服务业企业主要突出其“专业”的特性、交互及定制程度和劳动力密集程度；专业服务业企业的界定除了其属于服务行业的属性外，重点考察其“专业”内涵，即人力资本。

（二）专业服务业企业的相关特征

1. 专业服务业企业的知识、人力资本与价值创造

Drucker（1998）将知识看作是专业服务业企业的主要资源。Travica（1998）更是将专业服务业企业归为知识密集型企业的子集。Wineh 和 Schneider（1993）甚至将专业服务业企业称为基于知识型组织。Alvesson（1995）指出，专业服务业企业的知识特征表现在于采用创意和创新的方案解决复杂问题的能力。Greenwood（2006）认为专业服务业企业有两个非常重要的特征，其一是产出无形且产生于复杂的知识，针对每个客户的情况而定制；其二是专业人员作为知识的原载体、开发者和填充器而被雇用。Orlikowski（1988）和 Maister（1993）都用实例说明了先进通信与电脑等信息技术被当做团队沟通和合作的支持工具，很早就在专业服务业企业内部加以应用，并通过这些信息技术支持专业服务业企业内部的知识产生和共享。Coff（1997）认为知识的产生和应用归根到底离不开高素质的企业人力资本。

关于专业服务业企业人力资本的研究有很多，并且以研究企业员工的构成、行为、能力及其管理为主。Stevens（1981）认为专业服务业企业的员工都应该是具备胜任力的团队工作者。Maister（1993）更进一步指出，专业服务业企业的核心胜任力主要体现在 3 个方面：专长、经验和效率；他认为，不同的专业服务业企业，这 3 方面的相对比例和重要性各不相同，但专长总是来源于企业员工。因此，他夸张地认为专业服务业企业的资产就是企业的员工。Bonora 和 Revang（1993）的研究表明，在美国和欧洲发达国家，专业服务业企业的员工拥有大学以及大学以上学历的超过 50%。

Greenwood（1990）认为专业服务业企业在满足客户需求的同时，也为客户和社会创造了巨大的价值。Lowendahl 和 Revang（2001）认为专业服务业企业在为客户创造价值的同时，也使得专业知识的基础得到了巩固和提升。Chang 和 Birkett（2003）指出创造力和生产力作为体现专业服务能力的元素，会随着增加的环境需求去调整其能力指标的预期，从而更多地强调创新。Gardner 和 Morris（2008）认为专业服务业企业的创新性、多样化能够使其从更广泛的专业或知识领域获利，同时拓宽了能够给予服务的企业领域。

2. 专业服务业企业的组织结构、工作方式与企业文化

Mills（1983）构造出了专业服务业企业组织结构的弹性模型，指出低水平的形式化、高度的专业化、低水平的集权化是有利于提高“顾客合作的创新组织”的创新绩效的。Maister（1993）指出，专业服务业企业的组织结构与组织演进过程是否相适应，将直接影响企业组织内的知识共享。Blaekler，Reed 和 Wliitaker（1993）以及 Starbuek（1992）的研究认为，专业服务业企业的组织结构通常是由多个半自治式的单元组成，因此，组织结构分散，并且柔性大。Nanda（2001）认为专业服务业企业的组织结构已经趋于扁平化，传统工业企业的组织结构图对于专业服务业企业来说已经成为摆设。“真正重要的是：组织内部的才能之间相互关系怎样、如何发展其他才能、如何围绕企业使命把才能组合起来，然后根据给公司带来利润增长和创新指令向外推进。”Hanlon（2004）从制度形式和组织结构角度对专业服务业企业进行了研究，指出专业服务业企业综合了官僚和“部落”制的结构特点，并探讨社会网络关系、诚信、声誉资本对于专业服务业企业的意义。

Stevens（1981）和 Alvesson（1995）指出专业服务业企业的工作方式通常是根据该企业所提供的服务展开，并且主要是以项目团队的形式开展。比如，由 1 个项目经理带领 1 个项目团队，团队成员来自不同的人事级别，团队成员通常是 3 到 10 人左右。Huber（1984）认为专业服务业企业中决策、创新、信息获取与分配三大工作流程尤其重要，任何一个流程都会影响组织的知识管理或反过来受其影响，并能检验员工工作方式的正确性。Starbuck（1992）发现培训是增加员工的忠诚度和灌输组织文化很重要的工作方式。Maister（1993）则指出，专业服务业企业通过经常组织社会化活动的方式可以增加员工的忠诚度和企业认同感。

Maister（1993）和 Alvesson（1995）的研究表明在专业服务型企业中，企业文化对企业的生存与发展具有支持作用。专业服务业企业的管理者习惯于使用社会化的方式来加强企业文化建设并以此来增加员工对企业的忠诚度。Starbuck（1992）认为

培训同样也是加强文化的一种手段。Maister（1993）还指出，专业服务业企业通常会着力培养企业精英文化，让员工感觉自己属于精英团队；在平时的工作中，非常注重对员工的着装和行为的一致性要求，只是在不同企业这种重要性有所差别而已。Alvesson（1995）的研究还表明，专业服务业企业通过企业文化的构建，可以让员工们的地位和等级差距感最小化并使员工一致感最大化。当然，并非所有的专业服务业企业文化对员工都是有益的。Maister（1993）的研究认为，专业服务业企业中存在一种普遍的不良认知，认为盈利时间比非盈利时间更加重要，这导致专业服务业企业更加注重将时间和精力花在赚取利润或者招揽新客户上，而将培训或管理的时间压缩，这种组织信仰也导致专业服务业企业的员工们需要经常长时间持续地加班。

（三）专业服务业企业的治理问题

Berle 和 Means（1932）的《现代公司与私有产权》（*The Morden Corporation and Private Property*）的发表引发了人们对企业治理问题的讨论，这些讨论主要是围绕着对 Chandler（1977）所定义的现代商业企业（MBE）展开的。但就在讨论这些问题的时候，企业本身也同 Chandler 时的现代商业企业（MBE）发生了巨大的变化。人力资本取代实物资产成为价值源泉且垂直整合企业让位于竞争更激烈的中间产品市场（Rajan 和 Zingales，2000）。新型企业的治理问题进入了人们的研究视野，以 Maister（1993）、Rajan 和 Zingales（1998，2000，2001a，2001b）、Von Nordenflycht（2006，2007）、Richter 和 Schroeder（2008）以及以 Greenwood 教授为首的加拿大阿尔伯塔大学（University of Alberta）专业服务业企业管理中心研究团队等为代表的学者在专业服务业企业的治理问题方面取得了丰硕的成果。

Maister（1993）关于专业服务业企业治理从管理学的角度进行了大量的研究，特别是结合他的实际工作经验，提出了一些独特的观点。一是重点强调了治理手段中人力资本的重要性，并发现并非所有的新手和熟练工都会一直留在专业服务业企业中，这些企业中，员工的离职率很高，员工承受着很高的工作压力，并承担越来越多的责任，结果就是：升职或者离职。这种高离职率会显著影响组织知识的总量，因为离职的员工将其所拥有的知识也一起带走了。二是合伙制治理模式存在的问题，比如如何评估和辅导合伙人，合伙人薪酬如何分配，合伙人如何治理等。

Rajan 和 Zingales（1998，2000，2001a，2001b）通过基于历史的观点对当代美国企业规模缩减趋势变化进行了研究，认为人力资本重要性的上升已经不可逆转地改变了美国企业的本质，他们深刻地洞悉了这一迁移及其对企业制度带来的影响。

这一变化已经改变了传统的 Berle-Means 范式成立的条件。他们开创性地提出了“关键性资源进入权理论”；并认为在专业服务业企业中，人力资本就是企业的关键性资源；通过对关键性资源的使用和进行专用性投资能力的不同配置，实现对人力资本专用性投资的激励，进而达到治理企业的目的。他们预言企业治理研究的发展趋势将逐渐把焦点转向研究企业的关键性资源——人力资本；包括如何为人力资本提供进行企业专用性投资的激励，如何让人力资本实现企业的利润分享，如何对人力资本实行有效的管理和监督等。

以 Greenwood 教授为首的加拿大阿尔伯塔大学（University of Alberta）专业服务业企业管理中心研究团队近年来在专业服务业企业领域的研究取得了不少成果。其中，Greenwood 和 Empson（2003）以专业服务业企业为背景，详细阐述了合伙制企业治理模式的适用条件。该文堪称专业服务业企业治理模式研究的经典文献。Greenwood、Li、Prakash 和 Deephouse（2005）以会计师事务所为例，从声誉、组织结构等方面对专业服务业企业的治理问题进行了探讨；Greenwood 和 Suddaby（2006）还编辑了专业服务业企业专辑，其中有不少文章涉及企业治理方面；Greenwood 、Deephouse 和 Li（2007）还研究了专业服务业企业采用不同的企业所有制形式与其绩效表现之间的相互关系。他们发现私人公司和合伙制企业比公众公司有着更高的平均专业人员的收入。

Von Nordenflycht（2006，2007）通过对专业服务业企业治理模式的纵向考察，发现专业服务业企业在不同时期采用不同的治理模式除了基于经济因素的考虑外，还受非经济因素的影响。他认为 20 世纪 60 年代前，专业服务业企业由于政府为确保其所提供产品和服务的质量不受外界因素干扰而鼓励其采用合伙制的治理模式，但随着经济环境的变化，特别是随着相关规制政策的变化，专业服务业企业的治理模式也发生变化，大量的管理咨询公司、建筑设计事务所纷纷放弃合伙制的治理模式，而投资银行中继续保留合伙制的企业更是凤毛麟角。但也存在相反的情况，一些私人公司或者公众公司，由于不适应新的治理模式，导致企业绩效大不如前，又重新回到了合伙制。

Richter 和 Schroeder（2008）对专业服务业企业所有权配置的决定因素与绩效影响提供了一个联合评估。他们认为不同的所有权配置的效率差异导致了不同的所有权安排。他们使用了一个包含 119 家大中型咨询公司的样本进行了检验，结果证实了资本要求、服务的标准化程度、商业风险和组织规模是决定这些公司所有权配置的显著因素，而并没有发现所有权配置本身会对绩效有显著的推动作用，最优的所有权配置内生取决于咨询公司的经营条件。

四、研究对象、思路与方法

（一）研究对象

本书所选取的研究对象——专业服务业企业属于知识密集型服务企业（knowledge intensive business service firms，以下简称 KIBSF）的范畴。KIBSF 是指那些知识密集度高，依靠新兴技术与专业知识，具有较明显的客户互动特征的商业性公司或组织，具有高知识度、高技术度、高互动度和高创新度的特征。根据魏江、胡胜蓉（2007）结合中国国民经济行业分类（GB/T 4754-2002）和国际标准产业分类（ISIC/Rev.3）标准，将知识密集型服务业划分为 4 大类 14 子类（如表 1-1 所示）。分别从金融业到商务服务业，在服务生产方式上，总体的变化趋势是，从标准化生产方式过渡到定制化生产方式。

表 1-1 知识密集型服务业分类

	大类	子类	编号	具体行业名称
标准化生产方式	金融服务业（属 J 类 *）	银行业	6810	中央银行
			6820	商业银行
			6890	其他银行
		证券业	6910	证券市场管理
			6920	证券经纪与交易
			6930	证券投资
			6940	证券分析与咨询
		保险业	7010	人寿保险
			7020	非人寿保险
			7030	保险辅助服务
		其他金融活动	7110	金融信托与管理
			7120	金融租赁
			7130	财务公司
			7140	邮政储蓄
			7150	典当
			7190	其他未列明的金融活动
	信息与通信类（属 G 类）	电信和其他信息传输服务业	6011	固定电信服务
			6012	移动电信服务
			6019	其他电信服务
			6020	互联网信息服务
			6031	有线广播电视传输服务
			6032	无线广播电视传输服务
			6040	卫星传输服务

续表

	大类	子类	编号	具体行业名称
定制化生产方式	信息与通信类（属G类）	计算机服务业	6110	计算机系统服务
			6120	数据处理
			6130	计算机维修
			6190	其他计算机服务
		软件业	6211	基础软件服务
			6212	应用软件服务
			6290	其他软件服务
	科技服务业（属M类）	研究与试验发展	7510	自然科学研究与试验发展
			7520	工程和技术研究与试验发展
			7530	农业科学研究与试验发展
			7540	医学研究与试验发展
			7550	社会人文科学研究与试验发展
		专业技术服务业	7650	技术检测
			7660	环境检测
		工程技术与规划管理	7671	工程管理服务
			7672	工程勘察设计
			7673	规划管理
			7690	其他专业技术服务
		科技交流和推广服务业	7710	技术推广服务
			7720	科技中介服务
			7790	其他科技服务
	商务服务业（属L类）	法律服务	7421	律师及相关的法律服务
			7422	公证服务
			7429	其他法律服务
		咨询与调查	7431	会计、审计及税务服务
			7432	市场调查
			7433	社会经济咨询
			7439	其他专业咨询
			7440	广告业
			7450	知识产权服务
			7460	职业中介服务
		其他商务服务	7491	会议及展览服务
			7492	包装服务
			7494	办公服务
			7499	其他未列明的商务服务

注：*是指从属于国民经济行业分类中的J类，其余类推。

资料来源 魏江、胡胜蓉：《知识密集型服务业创新范式》[M]，32~33页，北京，科学出版社，2007年。

从国民经济行业分类的角度，并没有单独划分出专业服务业。专业服务业企业可存在于金融服务业、科技服务业、商务服务业甚至信息与通信服务业中。专业服务业与上述服务业存在明显的交集。专业服务业与其他行业相比，主要突出其“专业”的特性、交互及定制程度和劳动力密集程度（如图 1-2）。

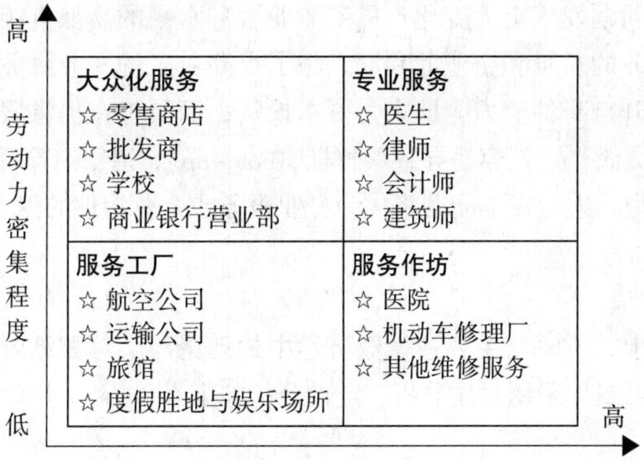

图 1-2 交互及定制程度

资料来源 Roger W.Schmenner：*Sloan Management Review*, Page25, vol.27, No.3, Spring 1986.

专业服务业企业的界定除了其属于服务行业的属性外，重点考察其“专业”内涵，即人力资本。如企业是否是由具备精深的专业知识和丰富经验的专业人士组成的组织，是否从事需要掌握较高水平的专业技术，并经过专门培训的服务，是否需要充分发挥专业人士的潜能、自主性和创新能力；是否大量融入专家们专业的评估、诊断以及专家们的甄别和个人判断。

（二）研究思路

专业服务业企业作为知识经济时代的重要企业形式。它与传统工业企业相比，究竟有什么实质性的新特征？从这些新特征的表象深究能否寻找到企业本质上的变化？而企业本质的变化又是怎样影响企业的治理？其中，前人研究以及现实中的案例又能给予我们什么样的帮助？基于上述思考，本书的研究思路如下：以企业本质和企业治理为主线进行企业基础理论梳理，通过专业服务业企业特性分析探究其企业本质及扩展问题；进而以企业本质为基础，研究专业服务业企业的治理目标与治理机制；并结合现实中的案例和统计数据，以实证方式对专业服务业企业的治理模式问题进行研究；最后，基于上述理论研究，针对中国本土专业服务业企业的现实表现，剖析其治理隐忧，并阐述其出路思考。

笔者相信，与传统工业企业不同，以专业服务高度的客户定制性和员工与客户的面对面互动为特征的专业服务业企业使得人力资本逐渐取代物质资本成为企业价值创造的重要乃至主要源泉，将会导致企业的本质及其诸如企业权力、企业边界、企业治理等相关问题发生重大变化。员工专业服务水平的高低直接决定了专业服务业企业所提供服务的质量和企业的利润，为了提高员工的专业服务水平，要求其不断进行学习和提升自身的能力，即人力资本投资；而员工在提供服务的过程中，要与客户面对面地交谈，这就容易导致敲竹杠（hold-up）、道德风险等不利于专业服务业企业发展的行为。人力资本问题将成为专业服务业企业治理的焦点所在。

（三）研究方法

在研究方法上，本书将主要遵循经济学中的理论与实际相结合、规范分析与实证分析相结合的思想，采用对比分析、定性分析与定量分析、博弈分析等研究方法。

1. 对比分析

为了更好地理解专业服务业企业的企业特性，本书运用比较的分析方法，通过与传统工业企业进行比较分析，详细比较专业服务业企业与传统工业企业的特性差异，并以此为基础展开下面的研究。

2. 博弈分析

本书运用博弈论的研究方法，通过建立不同时点的跨期模型，分析专业服务业企业中人力资本与企业间的博弈关系，揭示专业服务业企业治理目标的核心内容是人力资本投资激励和核心人力资本保护，以及为此所设置的利润分成和晋升走人企业治理机制。

3. 定性分析与定量分析相结合

本书运用定性分析的方法，引入关键性资源进入权理论对专业服务业企业本质及其扩展进行研究，并以此为基础建立数理模型分析专业服务业企业的治理目标和治理机制；另外，在定性归纳影响专业服务业企业选择治理模式的主要因素并提出相关命题的基础上，结合相关数据定量分析验证相关命题结论。

五、研究内容和结构安排

本书将主要研究和重点解决专业服务业企业的治理问题。企业治理属于企业理论研究的范畴，对企业本质的研究是企业理论的起点，不同的企业理论对企业的本质有着不同的理解，对企业本质的不同理解，决定了企业治理不同的研究方向和内容。而不同类型的企业也因特性差异有着不同的本质。基于此，本书的研究内容将基于对专业服务业企业本质的研究，重点探讨专业服务业企业的治理问题。其中，在专业服务业企业本质研究中，先运用比较的方法分析专业服务业企业不同于传统工业企业的特性差异；然后在此基础上，尝试对专业服务业企业的本质及其扩展内容进行研究；在专业服务业企业治理研究中，将以企业本质为基础，分别研究专业服务业企业的治理目标与治理机制问题；结合现实中的案例和统计数据，以实证的方式对专业服务业企业的治理模式问题进行研究，并针对中国本土专业服务业企业的现实表现，剖析其治理隐忧，阐述其出路思考。具体如下。

在专业服务业企业本质研究方面。企业作为一种经济组织已经有相当悠久的历史。工业时代的传统工业企业在很大程度上始终是基于资源垂直整合的企业，其拥有和控制许多高度专业化的无生命资产，员工的人力资本与这些资产连接在一起且缺乏流动性，对这些唯一的无生命的资产的所有权就成为对企业权力的主要来源，并且，由于分散的股东将所有权委托给高级经理层，租金来自于产品，所有的权力大量集中在垂直整合组织的高层；企业的边界也即为企业所能有效控制的全部物质资本。而随着知识经济时代的到来，以专业知识和技术以及其载体人力资本为企业关键性资源的专业服务业企业，其影响力正日益深远，成为各国经济增长的重要知识引擎。人力资本因其具有依附性、流动性、能动性、价值可变性以及隐含性等属性以及专业服务所具有的无形性、不可分离性、品质差异性、不可储存性以及所有权的不可转让性等特性，将不可逆转地改变企业的本质。专业服务业企业将逐渐成为人力资本高度密集的扁平化组织，企业对人力资本的控制力也将不断下降，企业的经济边界也将不等同于其法律边界。通过对人力资本属性的研究以及专业服务特性的研究，并以比较的研究方法对专业服务业企业与传统工业企业的企业特性进行对比分析，重新探讨专业服务业企业的本质、权力以及边界等问题将是本书重点解决的问题之一。

在专业服务业企业治理目标和机制研究方面。专业服务业企业本质的变化决定了其治理目标和机制的改变。企业作为关键性资源进行权力交易的黏性组织，意味着企业治理目标和机制必须要维护关键性资源的完整性，并通过权力的合理交易来激励并保护关键性资源。企业的关键性资源不仅可以是物质资本，也可以是人力资本；而企业权力主要是对这些关键性资源的控制权，权力的来源除了专业化，还可能是专用化或者专有化等。对传统工业企业而言，因其关键性资源为物质资本，可以通过产权实现权力与利益的界定、控制和分配，企业治理目标和机制是以产权为基础和中心来进行研究的；但对于专业服务业企业，人力资本成为其关键性资源，在禁止奴隶制条件下，无法对人力资本加以直接控制，企业很难通过产权实现治理。但在所有企业中始终是代表企业物质资本行使权力的投资者或者股东与代表企业人力资本行使权力的员工之间进行权力交易博弈的。我们试图从这一角度入手，将有关企业治理目标的讨论有效地整合在同一层面，并探讨相应的企业治理机制问题，这将是本书重点解决的问题之二。

在专业服务业企业治理模式研究方面。企业的治理模式从表面上看，可以划分为外部控制主导型、内部控制主导型和家族控制主导型，也可以划分为美英治理模式、日德治理模式和东亚家族治理模式 3 种；并且，相关研究大都是以公司制为基础讨论的，但实质上，企业治理模式是企业的所有权配置状态问题，也是企业理论研究的重要话题（Jensen 和 Meckling，1976；Grossman 和 Hart，1986；Hart 和 Moore，1990）。依据美国统计局的标准，企业的治理模式（所有权形式 legal form）除包括公司制、合伙制，还包括个体经营和其他的企业治理模式。合伙制是较为原始的企业治理模式，但到了 17 世纪公司制企业出现后，合伙制日益衰落，公司制凭借其自身的治理优势，在许多领域逐渐占据上风。特别是在传统的物质资本密集型工业企业中，公司制是最普遍的治理模式。2010 年《财富》杂志评出的“世界 500 强企业”中前 100 强，无一例外都是公司制企业。但当我们把目光转向专业服务业企业时，我们发现，合伙制作为企业治理模式的比重却高于公司制。特别是随着知识经济时代的到来，人力资本的重要性日益增强，合伙制在专业服务业企业中重焕青春。合伙制为何适合专业服务业企业？是哪些因素导致这一显著差异？这些问题将是本书重点解决的问题之三。

理论研究是为实践服务的。20 世纪 80 年代以来，中国经济持续高速增长，其中，专业服务业的发展更是势头迅猛，势不可当。专业服务业已经成为中国经济的重要组成部分，发挥着不可替代的重要作用。在巨大的中国专业服务市场上，面对专业服务业跨国企业的强势进驻，中国本土专业服务业企业是否已经准备好了呢？中国专业服务业企业的现实表现究竟如何？以企业治理的视角，通过理论的分析与研究，能否探求出中国本土专业服务业企业究竟存在哪些方面的隐忧？面对这些隐忧，中国本土专业服务业企业和专业服务人员又该如何下手，又该从哪些方面去认真思考和寻找自身的出路？这一系列的问题将是本书需重点解决的问题之四。

基于上述研究思路和研究内容，本书的结构安排如下所示（如图 1-3），分为 4 个部分，共 10 章。其中，第一编为导论共 1 章，交代本书的一些基本情况。第二编为理论编共 5 章，具体安排如下：第二章，企业治理基础理论，构建本书的理论基础；第三章从理论的视角，先运用比较的方法分析专业服务业企业不同于传统工业企业的特性差异，然后在此基础上，尝试对专业服务业企业的本质及其扩展内容进行研究；第四、五、六章基于前面几章的思考，从理论的角度，分别从企业治理目标、治理机制和治理模式 3 个方面对专业服务业企业的治理问题进行研究；第三编为实践编共 3 章，分别是第七章中国专业服务业企业的现实表现，第八章中国本土专业服务业企业的治理隐忧和第九章中国本土专业服务业企业的出路思考；最后一编为结论与研究展望编共 1 章，主要是对本书的主要观点进行回顾和总结，并对该领域的研究给予一些展望。

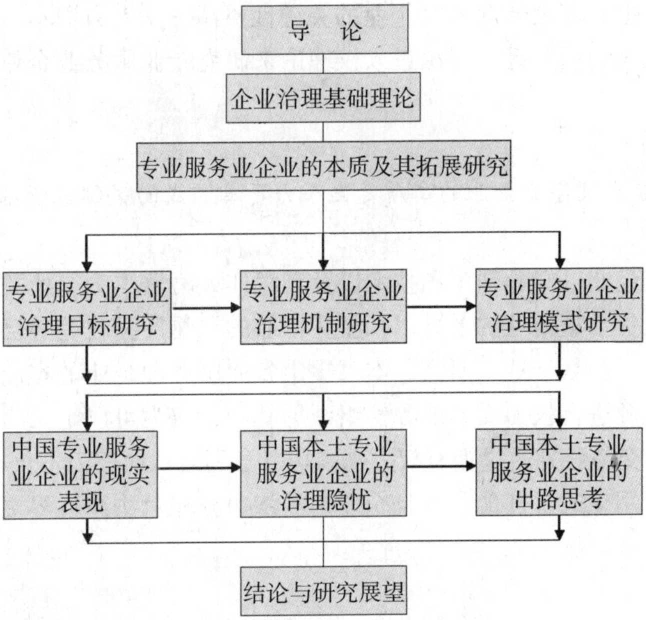

图 1-3 本书的结构安排

六、创新之处

本书的创新之处主要体现在以下 4 个方面。

（一）利用关键性资源进入权理论研究专业服务业企业的本质及其治理问题

自从 Berle 和 Means（1932）在其著作《现代公司与私有产权》针对现代企业所有权与控制权分离问题做出分析以来，在很长一段时间里，学术界对企业治理问题的研究基本上一直围绕着“两权分离”问题展开，并以此为基础，构建了研究企业治理问题通常所使用的产权理论、交易费用理论、委托代理理论等传统理论体系。这些理论在研究以物质资本为主体的传统工业企业的相关治理问题时具有很强的适用性，但在专业服务业企业中，人力资本取代实物资本成为企业的关键性资源和价值源泉。上述理论研究专业服务业企业的局限性已很明显。企业的本质发生了改变，企业治理的焦点也需随之转向研究企业的关键性资源——人力资本。本书在汲取传统理论的基础上，利用关键性资源进入权理论来研究专业服务业企业本质及其治理问题。

（二）提出专业服务业企业的本质是由人力资本组成的关键性资源进行权力交易的黏性组织

专业服务业企业以专业知识和技术以及其载体人力资本为企业关键资源和企业利润源泉，人力资本重要性的上升以及企业产品的非物质固化趋势已经不可逆转地改变了企业的本质。基于这一事实，本书提出专业服务业企业的本质是由人力资本组成的关键性资源进行权力交易的黏性组织。其中，权力可以定义为对关键性人力资本的控制权，交易各方通过拥有权力来维护自身利益；而权力不仅来源于专业化，也可能来自于专用化或者其他；并且企业的经济边界相对法律边界更适合解释专业服务业企业的边界问题。

（三）重新解读和思考专业服务业企业的治理目标与治理机制

基于专业服务业企业是由人力资本组成的关键性资源进行权力交易的黏性组织，本书认为，专业服务业企业的治理目标应该是为关键性人力资本的利益服务，其治理目标的内容在于维护专业服务业企业内创造价值的关键性资源的完整性，也即关键性人力资本的完整性，并通过权力的合理交易来激励人力资本的投资以及有效保护关键性人力资本。相应的治理机制采用利润分成和晋升走人等机制更为有效。

（四）以美国会计师事务所的数据为样本构建模型，实证检验专业服务业企业选取不同治理模式的影响因素

缘于不同影响因素，不同企业通常会选择不同的治理模式。本书汲取已有研究成果，归纳出五大影响因素。它们分别为：企业服务业务、资本需求、经营风险、组织规模、员工异质性。以此为主要因素假设，本书选取 2003~2010 年美国会计师事务所前 100 强的数据作为样本构建面板数据模型，进行实证检验。结果表明，资本需求越大，经营风险越高，组织规模越大，员工异质性越高，企业越趋向于采用公司制治理模式；而服务业务的标准化程度与企业治理模式间的关系尚不确定，有待进一步研究。

第二编 本质与治理

第二章 企业治理理论

对企业本质的研究是企业理论的起点。不同的企业理论对企业的本质有着不同的理解，对企业本质的不同理解以及企业的不同定义，决定了企业治理不同的研究方向和内容。根据本书写作的目的，有必要对企业本质和企业治理相关基本理论加以综述。基于此，本章选取将不同企业理论对企业与企业治理的不同定义运用串联的方式展开。在结构安排上，首先结合时间、企业与市场、契约 3 个维度分析企业理论中关于企业本质研究的演进；然后根据本书研究的需要，从企业治理的定义、目标、机制与模式等 4 个方面对企业治理的研究内容做一个大致的梳理。

一、企业本质

从经济学鼻祖 Adam Smith（1776）开创古典分工与协作论开始，先后经历新古典技术决定论、企业家的企业理论，发展到后来的契约视角下的企业理论。现代企业理论不断地向纵深拓展，但企业的本质问题始终是企业理论中最基本和最核心的问题。特别是近年来，企业理论领域中，相当多的学者对企业本质给予了重新关注，比如 Hart（1995），Dow（2000），Ranjan 和 Zingales（1998；2001），Cantwell 和 Fai（1999），Foss（2005），杨瑞龙和杨其静（2001），黄桂田和李正权（2002），聂辉华（2003a，2003b），杨其静（2005）等。本节结合时间、企业与市场、契约 3 个维度对企业本质做简单的综述。

（一）古典和新古典理论下的企业本质

虽然，严格来讲，古典和新古典经济学里是没有企业理论的（张维迎，1999），有关企业本质的探讨始于 Coase（1937）的经典论述，但对企业本质及相关的解释，却散见于大师们不同时期的经典著作里。因此，一般观点认为，以 1937 年 Coase 的开创性研究为界，将其后的企业理论冠以“现代”的名号，并将企业理论分为古典、新古典理论和契约理论。

1. 古典分工与协作论

从分工和专业化的角度看待企业，是经济学鼻祖 Adam Smith（1776）的观点，他认为，劳动分工是经济增长的关键，企业是分工与专业化的产物。Smith 通过一个制针的例子对分工和专业化做了生动的描述，他提出了一个著名的定理“市场范围限制劳动分工”。该定理的含义也可以较为通俗地理解为：企业的边界就是由市场的大小所决定的。

Karl Marx（1867）承袭 Smith 的观点进一步指出，企业作为一种专业化的合作组织，通过协作能够产生超过个人生产力加总的集体力。他站在阶级立场的角度出发，认为资本家通过支付工人工资的形式购买了劳动力，并拥有对工人劳动力的使用权力，而工人也有权获得自己足够的消费权力和生存权力，这两种看似平等而又相互博弈的权力成为阶级对立的根源。Marx 的分析更多地被认为是从阶级立场上揭示了资本家剥削工人的秘密，而没有从市场竞争的角度分析资本家与工人间的契约关系。Marx 认为，行业的平均利润率决定了企业的规模。

显然，从分工合作与专业化的角度理解企业的本质，关注的焦点更多是在效率提升方面，并没有为现今所研究的企业治理留有多少空间。但是，劳动分工和专业化必然使得一部分人从生产一线解放出来而专门从事监督和控制的职能，这实际上为企业治理的产生埋下了伏笔。

2. 新古典企业理论

新古典企业理论是典型的技术决定论。按照新古典范式在“厂商理论”中的描述，企业被理解为生产的主体，用厂商来代替；而企业的行为被抽象成在技术、市场和经济条件约束下，一种承担投入产出的技术性转换（即“生产函数”关系）行为；其目标函数是追求“利润最大化”和“成本最小化”，并按照边际成本等于边际收益的原则决定产量，企业的最佳规模在平均成本最低处实现（如图 2-1）。新古典经济学抽象地建立了“理想中”的参照系，对企业的分析无非就是把更多的生产要素纳入到一个生产函数（比如土地、劳动、资本等）。至于企业利润最大化到底是谁的利润最大化？或者企业到底是谁的企业？这些基本问题，则当成是外生的“技术问题”，或者说，对于经济分析来说是个“黑箱”系统，在多数新古典经济学的文献里面，少有明确的回答。杨小凯（1994）、张维迎（1995）等经济学家认为，在这种意义上讲，新古典的“厂商理论”与其说是企业理论，还不如说是一种生产理论。

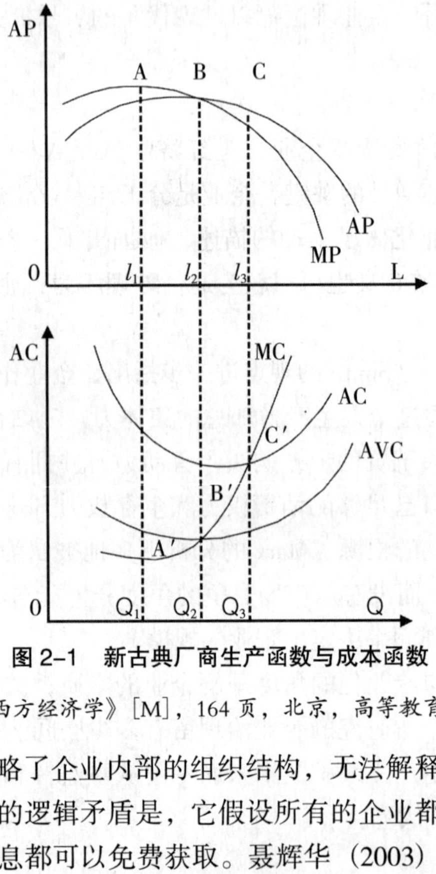

图 2-1　新古典厂商生产函数与成本函数

资料来源　黎诣远：《西方经济学》[M]，164 页，北京，高等教育出版社，2005 年。

新古典企业理论忽略了企业内部的组织结构，无法解释为什么企业的平均成本曲线会上升；更为致命的逻辑矛盾是，它假设所有的企业都是同质的，在零交易费用的世界里，所有的信息都可以免费获取。聂辉华（2003）认为，新古典企业理论从严格意义上说，并不是企业理论，而是价格理论。因为它将企业视为一个原子以便能有效地说明分权经济下价格引导会实现帕累托最优的理论，而从未告诉我们，企业与其他经济组织有什么不同。

因此，新古典企业理论经由严格的抽象使人们对企业的研究进入了一个貌似更加“科学”和易于操作的阶段，但这种剔除历史和事实的高度抽象实际上是对企业本质研究的倒退，所有关于企业本质和企业治理的研究在新古典企业理论中完全失去了存在的必要。

3. 企业家的企业理论

关注到企业领导人及其所履行的职能，并与企业本质联系起来进行研究的是企业家的企业理论。企业家理论主要包括 Cantillon（1755）、Zaire（1815）、Frank Knight（1921）、Schumpeter（1934）、Kirzner 和 Casson 等人的观点。Cantillon（1755）是第一个将企业家概念引入经济学理论的经济学家，他认为，企业家是一个风险承担者，是以确定的价格买进而以不确定的价格卖出的人。最早赋予企业家突出重要性的是 Zaire（1815），他认为，企业家是生产活动的组织者、领导者。Frank Knight（1921）则从区分风险与不确定性的角度出发，把企业理解为一种风险重新配置的机制，赋予企业家不确定性决策者的角色。企业家不仅要承受不确定性的后果，而且要努力挖掘新的知识和信息，以降低不确定性，从而赢得收益。

而真正推动了企业家理论研究并把其与企业本质联系起来的是 Schumpeter（1934），他把企业看作是企业家创新的机制。企业家的天职是创新，他以企业家为中心，构筑了卓然独立于西方主流经济学之外的关于资本主义经济运行方式和历史进程的动态的理论体系。Schumpeter 指出发展是来自经济生活内部自身创造性所造成的变动，带来的发展的创新就是“建立一种新的生产函数，也就是说，把一种从来没有过的关于生产要素和生产条件的‘新组合’引入经济模型”。①其中，企业家通过这种创新活动，获取报酬即利润。Schumpeter 所指的企业家实际上是一种企业家才能，不是一种职业、阶层或身份。

企业家的企业理论理解了“企业家”这种特殊的人力资本，突出强调了企业家作为企业经营领导者和社会效率推进者的作用，触及了推动企业效率提高最为关键的因素，为后来学者研究企业治理，特别是关于企业权力配置的问题打下了坚实的基础。

其实，古典和新古典理论视角下企业本质，基本上都是将企业当作既定的存在物，并没有从根本上论证企业为何产生以及如何产生，企业的边界或者最佳规模在哪里等一些基本问题，对企业本质的解释，也就成了一些零散的、不成体系的观点，当然也就不可能对企业治理进行明确的研究。但不管怎样，他们的研究还是为企业治理从最本源的意义上打下了基础。

---

①熊彼特:《经济发展理论》[M],序言第3页,北京,商务印书书馆,1997年。

（二）契约理论下的企业本质

Coase（1937）把企业理解为一种不同于标准的市场交易的契约，从而开创了企业理论的主流——契约理论研究的先河。在此基础上，后人的工作又沿着两条线索发展。第一条线索主要是由 Alchian 和 Demsetz（1972），Ross（1973），Mirrlees（1977），Jensen 和 Meckling（1976；1979），Holmstrom 和 Tirole（1979）等人发展起来的以委托—代理理论为主的完全契约理论体系；另一条是由 Williamson（1975；1985），Cheung（1983），Grossman 和 Hart（1986），Hart 和 Moore（1990）；Hart（1995），Klein（1978），Aghion 和 Bolton（1992），杨小凯和黄有光（Yang 和 Ng，1994）等发展起来的以交易费用为主的不完全契约理论体系。近年，中国学者，如张维迎（1995），周其仁（1996），杨瑞龙和杨其静（2001），谢德仁（2002），聂辉华(2003)，杨其静（2005），张晓峰（2008）等也对不完全契约企业理论进行了丰富和发展[①]。下面我们将分别从完全契约和不完全契约两个视角对企业本质进行回顾。

1. 完全契约视角

完全契约视角是把参与博弈的各方当事人放在一个委托—代理框架下处理，把

①国内学者对企业本质的阐释和发展比较有影响的观点有张维迎(1995)对“资本雇佣劳动的解释”,认为物质资本相对于人力资本而言有传递信号的功能;周其仁(1996)从人力资本与非人力资本的一个特别合约的角度解释企业,关注了人力资本只能通过“激励”而非“压榨”的手段来获得;方竹兰(1996)认为人力资本是企业价值创造者以及风险承担者,应该享有企业产权,参与利润分享;杨瑞龙和杨其静(2001)把企业的本质看作不仅仅是价值分配,更重要在于价值创造;谢德仁(2002)认为企业的本质在于企业是市场中由要素所有者签订的一组不完备的要素使用权交易合约的履行过程。要素使用权交易合约的履行过程包括要素投入、要素使用权(核心是剩余控制权)的行使以及要素增值的分配(核心是剩余索取权的行使)以及企业组织资本与组织资产的创造和使用等,这一过程融交易和生产功能于一体;黄桂田和李正权(2002)从分工的角度认为企业是要素所有者为分享“合作剩余”而达成的合约,而市场则是商品所有者交换比较优势的制度安排,两者是互补而不相互替代的关系;聂辉华(2003)则把企业理解为一种人力资本使用权交易的黏性组织。企业用权威关系替代价格机制,而权威关系能够减少交易费用的原因在于“组织黏性”的存在。企业是一种有黏性的契约,而市场是一种无黏性的契约。企业的组织黏性把关键员工和企业联在一起,并使企业在引入企业家才能时有更低的临界交易效率。企业的边界由交易费用和组织黏性共同决定;杨其静(2005)从企业创立的源头开始,论证了企业家的重要作用,认为企业家是企业的逻辑起点,企业是企业家人力资本的“自我定价器”。赖普清、姚先国(2007)认为企业存在的基本原因是消费者或需求者之间的交易成本不为零。企业是一种节约需求者交易成本或应对该交易成本的经济机制。刘汉民(2007)则认为企业实际上不过是一个通过一系列合约(包括市场合约和非市场合约)而将一定的经济资源(包括人力资源和非人力资源)组合起来,为了自身的利益而生产经营的经济单位(或组织)。张晓峰(2008)把企业视为一种被专用化了的投资网络的联结。

所有的交易关系和生产关系抽象为一种契约关系。在其假设中，在当事人之间信息不对称的情形下，完全理性的委托人总是可以设计一个最佳契约，该契约充分考虑了所有可能出现的或然状态，并且能够无成本地被第三方强制执行。

其中，Alchian 和 Demsetz（1972）并不认为企业与市场存在本质上的区别，他们将企业视为一种团队生产合约，并将企业定义为一组契约的联结。由于在这个团队生产中，准确地计量和监督每个成员的贡献和产出是困难的，他们设想存在一个外部监督者——雇主，他作为中心的契约代理人，掌握关于团队成员生产技能的有效信息，监督他们的投入，并获取剩余索取权。按照他们的理解，雇主是企业内拥有单方面决定成员资格的中心签约人，并与其他签约人存在非对称的关系。这种不对称权威关系在后来的大多数企业理论中被当做企业的一个基本特征。

Jensen 和 Meekling（1976）肯定了 Alchian 和 Demsetz 把合约作为自主交换的一个媒介物的思想，赞赏他们强调监督在团队生产中的作用。他们认为企业和其他组织一样，只是一种形式的法律虚构物，是人工构造的产物，可以看作是一组个人间合约关系的联结，并以存在着组织的资产和现金流量可分割的剩余索取权为特征，这种索取权不需要经过其他签约人的同意就可售出。他们不再沿着剩余索取权的分析继续前进，而是转向对代理成本的研究和关注。在詹森和麦克林（Jensen，Meekling）看来，不仅对员工来说是如此，对供应商、客户和债权人等来说，所有的合约都存在代理成本和监督问题。

Holmstrom 和 Mligrom（1998）从委托代理的角度出发，不再重点关注雇主和员工在不同风险偏好下的代理成本问题，开始转向关注区分企业和市场的差别。他们把企业看作是一种激励装置，根据不同约束人所需要的监督成本和激励效果决定一项任务是内部雇佣还是外部购买。但他们并没有揭示出何种激励机制会使得企业相对市场节约了交易费用。

2. 不完全契约视角

在现实世界中，有限理性的当事人不可能预见未来的种种或然情况，或者即便预见到也要以双方都同意的条款写入契约，成本太高，因此，契约注定是不完全的。从不完全契约的视角研究企业的本质以及企业与市场的差别问题，相继形成了交易费用理论（Coase，1937；Cheung，1983；Yang 和 Ng，1994 等）、资产专用性理论（Williamson，1975，1985；Klein，1978 等）、剩余控制权理论（Grossman 和 Hart，1986；Hart 和 Moore，1900；Hart，1995 等）、声誉论（Kreps，1990）、战略论（Dow，1993）、利益相关者理论（Blair，1995）、关键资源进入权理论（Ranjan 和

Zingales，1998，2000）等。根据行文的需要，我们重点对剩余控制权理论以及关键资源进入权理论进行评析。

剩余控制权理论首先由 Grossman，Hart 和 Moore（简记为 GHM）提出，他们沿着威廉姆森的资产专用性研究思路将企业定义为一组可控制的物理资产的集合，并构造出了一个不完全契约的理论框架来研究企业的所有权结构问题。他们认为由于契约的不完全性，企业中除了契约中有明确规定的专门权力外，还存在一些没有清晰界定的权力；对后一种权力的拥有权就是所谓的“剩余控制权”。企业剩余控制权归属的问题将直接影响合意的专用性投资是否能实现。他们假定企业的员工必须结合某种资产才具有生产力，因此，拥有企业物质资产的所有权的所有者（通常也就是企业的雇主）必然拥有企业的剩余控制权，进而间接拥有对企业人力资产的控制权。员工需要按照资产所有者的利益行事，才能在今后与雇主谈判时取得更有利的地位。基于这样的逻辑推理，企业中的非人力物质资本成为了某种黏结物，用来拴住企业的员工，并成为雇主指挥员工的权威来源。所以，他们把企业看作是一个可控制的物质资产的集合，企业的边界取决于各方总投资激励最大化的产权结构(聂辉华，2003)。但 GHM 理论把企业定义为物质资产的集合的观点，过分地强调了物质资本而忽略了人力资本的作用。按照该理论的逻辑，那些不拥有企业所有权的员工与市场契约下的员工没有了区别；其所暗含的所有物质资本都属于雇主的假设也并不符合实际，比如那些掌握在企业核心人力资本手中而非企业所有者手中的某些无形资产，如核心技术等，可能并不归企业所有。

随着实践的发展，GHM 理论招致越来越多的批评，其中最具挑战性的来自 Ranjan 和 Zingales（1998，2000）。他们将人力资本与产权理论结合起来，提出了企业本质的新观点。他们认为，企业是关键性资源的集合体。其中，关键性资源不仅包括关键性物质资本和有产权特征的无形资产，也包括无产权特性的关键性人力资本，比如专业知识、天赋、技能、体力等。因此，企业也可以理解为是专用化的投资联结（即资产与人的联结）。Ranjan 和 Zingales 还提出了“进入权”（access）的概念，即企业员工被赋予对企业而言的关键资源（可以是物质资产，比如 1 台缝纫机；也可以是创意，关系等等）的使用和进行专用性投资的权力。通过对进入权的不同配置达到控制员工的目的，从而也实现对人力资本专用性投资的激励。Ranjan 和 Zingales 强调了人力资本的重要性，并主张通过一定的手段把企业内部有价值的资源凝聚在一起，并使它们具有互补性。莱詹和兹格里斯（Ranjan, Zingales）从控制力的角度而非产权的角度定义了企业，他们列举了所罗门兄弟（Salomon Brothers）的债券交易团队、盛世长城（Saatchi & Saatchi）公司，以及丰田汽车公司的例子来证明：即使在法律上拥有所有权，但实际上控制不了也不能作为一个企业整体而长期地存在下去；即使不在法律上拥有企业的所有权，但实际上对企业的控制可以使之像同一个企业一样发展。因此他们提出基于经济而非法律的机制，从而重新界定企业的边界。

Ranjan 和 Zingales 的关键性资源进入权理论突破传统工业企业理论的束缚，不满足 GHM 模型用物质资产来定义企业，特别是用剩余控制权来标识企业所有权的做法，而是通过分析工具的创新，将人力资本纳入理论分析的框架，无疑是理论沿着实践的方向前进的一大步。本书将以该理论为基础对专业服务业企业的本质进行探讨，具体内容将在第三章体现。

二、企业治理

对企业本质的不同解释，决定了后续研究方向的不同。以此为基础而发展起来的企业治理研究，也必将因这种不同而产生差异。自 20 世纪 30 年代初美国学者 Berle 和 Means（1932）首次提出企业治理的概念以来，众多的学者从不同的角度对企业治理进行了研究①，取得了许多激动人心的成果，特别是随着企业形式的不断变化，企业治理的研究范围在不断拓宽，研究内容也不断扩展和深化。因此，在开展专业服务业企业治理问题研究时，有必要对企业治理的研究内容做一个大致的梳理。根据本书研究的需要，本节将从企业治理的定义、目标、机制与模式等 4 个方面进行论述。

---

①这些学者包括 Baumol（1959）、Marris（1964）与 Williamson（1964）等人，从管理者个人目标和股东约束条件的不同假设出发，建立了一类所谓公司的管理者模型。他们强调，管理者对自身利益的追求将会严重损害投资者利益。Jensen 和 Meckling（1976）开创性地把企业治理纳入进了公司定价的研究范畴，探索了所有权和控制权分离条件下企业最优资本结构的决定，从而为现代企业治理奠定了一个坚实的所有权基础。嗣后，Gross 和 Hart（1988），Hart 和 Moore（1989），Hart（1995），Harris 和 Raviv（1988）研究合约不完全条件下资本结构的优化与控制企业权的配置问题；著名的“四人帮”（简称 LLSV）研究了资本结构与企业治理差异的法律依据（LaPorta，Lopez-de-Silanes，Shlifer & Vishny，1997，1998）；青木昌彦（1995，2001，2002）和 Roe（1997，1999）等人提出了公司所有权结构和企业治理的进化问题。期间，我国学者包括詹小洪（1994，1995）、张维迎（1995，1996）、周其仁（1996）、杨瑞龙（2000，2001，2005）、李维安（2001，2002，2003）、杨其静（2002，2005）、刘汉民（2002，2007）、聂辉华（2003，2006，2009）等人分别从企业治理目标、治理模式、治理结构等不同方面进行了研究。

（一）企业治理应有之义

对企业治理的定义反映了定义者的研究视角以及研究重点。企业治理源于 Berle 和 Means（1932）在其著作《现代公司与私有产权》对现代公司所有权与控制权分离问题做出的分析。他们认为管理者权力的增强将会导致投资者利益面临遭受损害的危险，担心两权的持续分离可能促使管理者掠夺公司。投资者与管理者潜在的利益背离产生了投资者监督与约束管理者行为的要求，也即实施治理的要求。很长一段时间，学术界对企业治理问题的研究基本上一直围绕着“两权分离”问题展开。一些学者，例如 Baumol（1959）、Marris（1964）、Williamson（1964）、Jensen 和 Ruback（1983）、Shleifer 和 Vishny（1997）等人强调，管理者对自身利益的追求将会严重损害投资者利益，甚至认为拙劣的经理抵制其被替代可能是代理问题最昂贵的表现。从这个角度出发，大多数学者（Jensen 和 Meckling，1976；Fama 和 Jensen，1983；Har，1995；林毅夫，1995；Shleifer 和 Vishny，1997；张维迎，1998；李维安，2001 等）都认同企业治理可定义为激励和约束经理层行为的一套制度安排。

上述定义明显是针对解决委托代理问题而来，带有明显的股东至上色彩。企业绝不仅仅是由投资者、经理层、债权人构成的组织，也绝不是存在于一个不与外界产生交互作用的真空世界里。因此，企业治理研究的不仅仅是投资者与管理者之间的关系，而是广泛地涵盖了法律、文化以及诸多利益相关者的联结体系。这样，一个更为宽泛的企业治理定义逐渐发展起来。这个定义涉及利益相关者群体。除了股东、企业还有许多其他利益相关者：员工、顾客、供应商以及邻居等，他们的利益也必须得到重视。这样，企业治理就是指设计一系列制度，以使管理者将所有利益相关者的福利引入企业之中（Tirole，1999）。其中，Blair（1995）定义企业治理是指有关企业控制权或剩余索取权分配的一整套法律、文化和制度性安排；Gillan 和 Starks（2006）则将企业治理表述为一套由法律、规章及其他控制一个企业运营的因素所构成的复杂系统。

然而，几乎把企业所生存的整个环境都纳入到企业治理的定义当中的做法，显得有些不着边际并抓不住重点。随着技术的进步，特别是信息技术进步，人力资本正日渐成为企业最为核心的资本。Rajan 和 Zingales（2000）基于历史的观点对当代美国企业规模缩减趋势变化研究，认为人力资本重要性的上升已经不可逆转地改变了美国企业的本质，他们深刻地洞悉了这一迁移及其对企业制度带来的影响。这一变化已经改变了传统的 Berle—Means 范式成立的条件。由于企业在禁止奴隶制条件下，无法对人力资本加以直接控制，故而基于专业化分工的互补性经济就成为人力资本之间最为重要的联系纽带。企业本质发生的这些改变意味着企业治理将超越Berle—Means范式。企业治理研究的发展趋势将逐渐把焦点转向研究企业的关键性资源——人力资本；包括如何为人力资本提供进行企业专用性投资的激励，如何让人力资本实现企业的利润分享，如何对人力资本实行有效的管理和监督等。因此，Zingales（2000）提出了企业治理的新定义，认为企业治理是影响企业所产生的准租金的事后讨价还价能力的复杂的约束集合。本书将遵循这一定义来展开相关研究。

（二）企业治理目标取向

企业治理目标在企业理论中最为传统和最为标准的观点是股东价值最大化（Tirole，2001）。从法律上讲，股东是企业的所有者，企业控制权自然属于股东，因此，企业治理的目标也自然就应该保护股东的利益。另外，从经济上讲，基于股东获得的收益是在支付了债权人的利息、员工工资、税收等之后的剩余，是唯一一个没有受到契约保证的固定回报保护的经济参与者。因此，股东是风险和不确定性的承担者，剩余收益归股东是对这种风险承担和等待行为的奖赏和激励（Fisher，1930）。而且，股东收益位于分配序列之末，从整个社会经济运行的角度看，使股东收益最大化在经济上也是有效率的；股东收益最大化就等同于企业价值以及社会收益最大化（Berle和Means，1932；Alchian和Demsetz，1972；Klein、Crawford和Armen，1978；Hart，1995；张维迎，1996）。

但相关利益者理论则认为，企业是一系列不完全契约的集合体（Jensen和Meckling，1976；Freeman，1984）。在这个集合体内，包括所有投入了专用性资产而这些资产又在企业中处于风险状态的自然人或法人，没有他们的参与，公司就不能作为一个经营主体存在下去，如股东、经营者、职工、债权人、客户、供应商、社区、政府等（Brenner和Cochran，1991；Hill和Jones，1992；Blair，1995）。他们之间不仅存在显性的契约关系，也包括一系列隐性契约。企业应尽可能地照顾到利益相关者的利益，不能仅限于股东利益最大化。为了实现企业正常运营，股东和债权人提供了物质资本，进行了专用性投资，确实需要得到企业治理的保护，然而其他利益相关者也进行了专用性投资，企业的决策同样会对他们产生诸多的外部效应。利益相关者参与企业治理有利于对各方利益形成有效保护，激励他们为企业长远绩效的提高而努力（Tirole，2001）。

但由于大股东的以权谋私，对于其他股东利益的侵占问题（La Porta，Lopez-de-Silanes和Shleifer，1999；Johnson，La Porta，Lopez-de-Silanes和Shleifer，

2000；Burkhart，Panunzi 和 Shleifer，2002），以及利益相关者“搭便车”问题而不可能采取一致的集体行动（Grossman 和 Hart，1980）等问题，在实际操作中很难实现企业的治理目标。企业家的企业理论认为，企业并不是天然物，而是企业家为了对自己特殊的人力资本进行间接定价而创造的一种特殊组织，因为企业家及其创业活动才是企业及其各种契约关系发生发展的天然起点（杨其静，2005）。他们有着对自身尊严、信仰以及内在工作满足的追求，这些内在的追求促使他们努力担负起经营好企业的重任（Boyd，1995）。因此，企业的治理目标应该是保护企业家自己的长远利益（Knight，1921；Schumpeter，1934；Kirzner，1973；Casson，1982）。只有随着企业家成功地将企业家人力资本物化在企业之中，企业家也就转变为一个普通股东。也只有这样，企业才不再是单纯的物质资产，而是融入了企业家人力资本的有机体，包括企业家在内的股东也才能真正获得某种所谓的“资本强权”（杨其静，2005）。

不管是“股东至上”论或是“利益相关者至上”论，还是“企业家至上”论，学者们的观点并不存在着绝对的对立和冲突，也不存在孰优孰劣的问题[①]。他们在企业治理目标问题上的分歧和争论焦点的基础在于对企业本质和企业特性认识的不同。不同特性和不同本质的企业有不同的治理目标，但它们可以有效地整合在同一层面。更进一步的分析将在本书的第四章中给出。

（三）企业治理机制探讨

企业的治理机制可以看作是实现企业治理目标的制度安排、运行机理或途径与手段（钱颖一，1995；Williamson，2001；陈文浩，2006）。基于对企业治理目标的不同理解，学者们提出了多种不同的企业治理机制，并存在不同的分类方法[②]。以“股东至上”为企业治理目标的学者们认为企业治理机制所要解决的核心问题是缓解

①除了上述 3 种主流观点外，也还有其他的一些观点，比如郎咸平和易宪容(2004)认为，企业治理目标就是为了保护中小投资者的利益。

②机制的分类并非关键问题，只是为了便于研究逻辑的展开。学者们对企业治理机制有着多种分类。如 Jensen(1993)将企业治理机制分为：法律监管机制、内部控制机制、外部控制机制和产品市场竞争；李维安(2002)、郑志刚(2004)、Gillan(2006)将企业治理机制分为内部治理机制和外部治理机制，其中，内部治理机制包括激励、监督和决策机制；外部治理机制包括证券市场控制权配置、银行的控制机制等。John 和 Kedia(2003)、杨松武(2009)从经济机理角度将企业治理机制分为激励机制和约束机制两大类，约束机制又可以细分为经理可控型约束机制(包括董事会和债务机制)和经理不可控型约束机制(包括控制权市场、大股东机制、产品市场竞争、法律与监管机制等)。

股东与经理人之间的委托代理问题（Berle 和 Means，1932；Fama 和 Jensen，1983）。经理人由于掌握了委托人不了解的市场信息和私人信息，如企业的实际经营状况，自己的能力和努力程度，外部环境的影响等，使股东面临逆向选择和道德风险的威胁。他们提出了包括：并购的威胁（Grossman Hart，1980），产品市场竞争的威胁（Hart，1983），以及经理人市场的威胁（Fama，1980）；外部大股东的监督（Demsetz 和 Lehn，1985），董事会的监督以及经理人员之间的相互监督（Fama，1980；Fama 和 Jensen，1983；Ferris，2003；Conyon 和 Muldoon，2004；Larcker et al.，2005）；经理人员持股（Jensen 和 Meckling，1976）以及其他报酬形式（Murphy，1985；Lewllen，Loderer 和 Martin，1987；Bebchuk 和 Fried，2003；Core et al.，2004）的激励效应等多种治理机制。

但在以"利益相关者至上"为企业治理目标的学者眼中，上述治理机制只是解决股东与经理人之间的问题，并没有涉及企业其他的利益相关者。在股东追求投资回报的同时，员工追求工资收入和各种福利的提高；供应商和经销商关心自己在与企业的交易中是否能够保持持久性的关系；消费者追求购买一种安全稳定的产品，并获得更多的消费者剩余；政府则希望企业能提供更多的税收（陈宏辉，2004）。因此，学者们主张还应该建立其他治理机制来确保治理目标的实现。Holderness 和 Sheehan（1998）主张法律治理机制在约束控制性股东过程中是唯一重要的；Nenova（2003）认为法律监管机制是治理控制性股东代理问题的主要机制；Coffee（2001）发现，社会道德可以缓解控制性股东的侵占问题。Dyck 和 Zingales（2004）指出新闻监督、政府税收遵从、社会道德、工会组织等治理机制能发挥有效的治理作用。贾生华、陈宏辉（2002）提出在企业的社会责任观这种新生的价值观背景下，企业决策者通过声誉机制的约束，能更好地维护利益相关者的关系。

在对各种治理机制的决定因素以及其作用的研究中，一般都假设这些机制之间是相互独立运作的，但在不同的治理机制间存在重要的关联关系，甚至存在相互替代关系（Rediker 和 Seth，2003）。通过对多重企业治理机制的研究，考察各种机制的单个效应及其联合效应，可以得到不同的结果（Kosnic，1987；Hill 和 Snell，1988；Singh 和 Harianto，1989）。而以专业服务业企业为代表的现代公司逐渐涉及一些无法界定和证实的行为，传统的股东导向性的企业治理机制对此无法给予解释，需要改进（Tirole，2001；Blair 和 Stout，2001）。从企业的本质出发，探讨不同企业治理目标下的多重治理机制，并从中探究适应于专业服务业企业新的治理机制将是文本第五章所要开展的工作。

（四）企业治理模式选择

企业的治理模式问题，其实质是企业的所有权配置状态问题，这也是企业理论的研究热点（Jensen 和 Meckling，1976；Grossman 和 Hart，1986；Hart 和 Moore，1990）。有诸多的学者以公司制为基础根据不同的治理特性，将公司治理划分为外部控制主导型、内部控制主导型和家族控制主导型（Jensen 和 Meckling，1976；Dow 和 Putterman，2000；Dow，2003；李维安，2005）或者是划分为美英治理模式、日德治理模式和东亚家族治理模式 3 种（Hansmann，1996；Muller 和 Warneryd，2001；席西民和赵增耀，2004）；但依据美国统计局的标准，企业的治理模式（所有权形式 legal form）除包括公司制、合伙制，还包括个体经营和其他的企业治理模式。合伙制是较为原始的企业治理模式，但到了 17 世纪公司制企业出现后，合伙制日益衰落，公司制凭借其自身的治理优势，在许多领域逐渐占据上风。

学者们通常认为合伙制比公司制更容易遭受团队生产中的搭便车行为的影响，从而造成了合伙制的相对无效性（Alchian 和 Demsetz，1972）。不仅如此，学者们还认为，公司制所构建的以所有权为基础的控制权配置结构，更适合企业的组织决策（Greenwood 和 Empson，2003；Empson 和 Chapman，2006）。因为，公司制有着严格的上下级关系，职员的工资水平与绩效挂钩并要坚决执行上级委派的任务；相比之下，合伙制的权威则相对分散，控制权配置相对模糊，人数众多的合伙人参与决策，不仅效率低下，有时甚至费时费力之后还难以取得一致的结果。特别是随着企业规模的扩大，公司制的治理优势更为明显，它可以有效实现企业的规模经济和范围经济。除此之外，学者们指出公司制的治理优势更多地体现在其便于融资和套现等方面（Pagano 和 Zingales，1998；Levin 和 Tadelis，2005）。公司制企业所有者可以在企业约定内通过相应的平台（例如证券交易所）实现融资和自由转让其所持有的股份，获取套现收益；而由于合伙制企业中的合伙人身份所享有的企业利润分享权力不易流转，合伙人无权将这一身份出售给外部投资者获取套现收益，企业的融资方式和渠道也相对单一。

但 Jensen 和 Meckling（1976）认为合伙制没有因股权转让而产生的外部代理成本，并且合伙制本身存在一些特性能够有效降低内部代理成本。Shafer、Lowe 和 Fogarty（2002）证明了合伙制的无限责任以及没有外部投资者这两点特征可以保证企业能够为客户提供高质量的产品；并且无限责任能激发同事间的相互监督（Van Lent，1999），有利于分担风险（Lang 和 Gordon，1995）。Morrison 和 Wilhelm

(2004) 研究了人力资本的在职发展和代际转换问题，当人力资本是自身无法规则化或正常交易的隐性知识时，合伙制就成为人力资本代际的动态均衡机制。Cai (2003) 证明了当争取外部机会的一般投资和企业内部关系特定投资相互替代的条件下，利润分享的合伙制优于公司制。Garicano 和 Santos (2004) 认为合伙制作为机会推介平台可以促进低技能员工与高技能者的自愿合作。Levin 和 Tadiles (2005) 还证明了如果客户注重质量但又处于评估质量的劣势地位时，相对于利润最大化的公司制企业，合伙制就成为更为可取的企业治理模式。尹振东和李飞 (2009) 从控制权的角度在意见分歧的框架下研究了合伙制与公司制的选择问题，他们考虑在一个组织中存在资产所有者和员工，员工付出努力为生产做准备工作。当员工具有事先信念，从而可能与资产所有者有意见分歧时，认为在员工事先信念正确性较高，并且双方的意见一致性程度较高和员工事先信念正确性较低，且双方的意见一致性程度较低这两种情况下，合伙制优于公司制。

既然合伙制和公司制这两种治理模式在企业中都实际存在，那么背后一定有其存在的合理性。如果从适应性效率的角度出发，笔者认为两者之间并没有绝对的优劣之分。上述文献虽然研究了在不同的治理环境下，企业选择合伙制或公司制的缘由以及适用条件，但缺乏相关的实证检验。本书将在第六章就该问题做尝试性的探索。

三、小结

从行文的需要出发，本章分别对本书将要用到的基本理论进行了综述。基于对企业本质的研究是企业理论和企业治理的起点。我们结合时间、企业与市场、契约 3 个维度做了较为系统的梳理。古典和新古典理论视角下的企业本质，基本上都是将企业当做既定的存在物，对企业本质的解释，也就成了一些零散的、不成体系的观点，当然也就不可能对企业治理进行明确的研究。以委托—代理理论为主的完全契约理论体系，它们基本上不明确区分企业和市场。以“交易费用理论”、“资产专用性理论”、“剩余控制权理论”和“关键性资源进入权理论”为代表的企业理论则是在不完全契约的框架中明确区分了企业和市场。本书将以 Ranjan 和 Zingales 的关键性资源进入权理论为基础对专业服务业企业的本质进行探讨，通过分析工具的创新，将人力资本纳入理论分析的框架。

对企业本质的不同解释，决定了后续研究方向的不同。以此为基础而发展起来的企业治理研究，也必将因这种不同而产生差异。根据本书研究的需要，我们从“股东至上”、“利益相关者至上”和“企业家至上”3派不同学者的观点出发，对企业治理的定义、目标与机制做了一个大致的梳理；最后将学者们对公司制与合伙制这两种主要企业治理模式的优劣势之争进行了陈述。

第三章 专业服务业企业的本质及其扩展

企业作为一种经济组织已经有相当悠久的历史。对企业本质问题的研究不仅是企业理论的起点，也始终是其最基本和最核心的问题；同时，对企业本质问题的研究更是现代企业理论突破新古典经济学的价值所在（聂辉华，2003）。缘于不同的资源配置机制，企业与市场具有不同的本质特征。而如同企业与市场本质不尽相同一样，不同类型的企业也有着不同的本质，并表现较为明显的特性差异。基于此，本章先运用比较的方法分析专业服务业企业不同于传统工业企业的特性差异；然后在此基础上，尝试对专业服务业企业的本质及其扩展问题进行研究。

一、专业服务业企业的特性分析

在本书的第一章，我们已经知道专业服务业企业通常被认为是一种有别于制造业和其他一般服务企业，具有自身独特性的一类企业（Nachum L.，1999）。这类企业具有高知识密集型的服务、专家专业的评估或诊断、高度定制化、大量融入专家们的甄别和个人判断、客户的高度参与和交流、受到职业行为规范约束等特征（Lowendahl，1997）。

这类企业具有两个明显的特点：第一，高度定制化的服务，这些服务很少有能够可靠地用程式化方式执行，不像在工业领域能以重复性任务和产品的标准化为基础；第二，与客户接触，在多数专业服务中，都有大量与客户面对面交互的活动（Maister，1993）。

也有学者将专业服务业企业与传统工业企业从生产、产品、消费以及市场等方面进行了特征对比（如表 3-1）。

表 3–1 专业服务业企业与传统工业企业的特征对比

特征		专业服务业企业	传统工业企业
生产特征	厂房和设备	固定设备投入较少，营业场所投资较大	对固定设备投入要求较高
	劳动力	需要非常专业的技能，特别需要人际关系处理技巧	具有一般性的技能
	劳动过程的组织	劳动者从事技能性的生产活动，对员工的具体工作细节只能进行有限的管理控制	可以严格控制和监督劳动者的整个劳动过程
产品特征	生产特征	生产通常是非持续性的，规模经济有限	生产具有可持续性，可实现规模经济
	产品特性	无形的，很难将服务过程和产品分开，很难储存和运输	有形的，可分离，能储存和运输
	产品特色	通常依据客户的需要进行定制	可实行批量定制
	知识产权	难以保护，很少能够申请专利保护，服务创新容易被复制	便于保护
消费特征	产品交付	生产和消费在时间和地点上通常是不可分离的	生产和消费在时间和空间上可分离
	顾客作用	“客户导向”，其设计生产过程需要顾客的参与	顾客作用滞后于产品生产
	消费活动的组织管理	通常难以将生产和消费分离	可分离，便于组织管理
市场特征	对市场的组织管理	服务成本与产品捆绑销售	产品标准和质量认证管理
	管制	存在无形保护壁垒	行政规章制度管制
	营销	很难预先证实所提供服务的品质	可通过探究性和体验性的方式对产品进行营销

资料来源 魏江等：《知识密集型服务业与创新》[M]，19~21 页，北京，科学出版社，2004 年。

上述分析可以理解为对于专业服务业企业特性的表象描述。下面我们将运用比较的方法更深入地分析专业服务业企业不同于传统工业企业的特性差异。

(一) 人力资本成为企业的关键性资源

所谓人力资本是指体现在人身上的技能和生产知识的存量，能够带来未来的满足或收入（舒尔茨，1992）。人力资本的构成包括知识、天赋、技能，甚至体力（健康状况）等。人力资本拥有诸多的特性，如依附性、流动性、能动性、价值可变性和隐含性等，但私有性是其本质特征，私有性体现在人力资本与其载体不可分离，所有权仅限于体现他本人（周其仁，1996）。企业必须包括人力资本，光有物质资本是不可能进行生产的（聂辉华，2009）。

根据本书第二章的关键性资源进入权理论的论述，Ranjan 和 Zingales（1998）将企业理解为关键性资源的集合体。在这里，关键性资源不仅包括关键性物质资本和有产权特征的无形资产，也包括无产权特性的关键性人力资本，比如专业知识、天赋、技能、体力等人力资本要素。

传统工业企业在很大程度上始终是基于资源垂直整合的企业，其拥有和控制许多高度专业化的物质资本，员工的人力资本与这些资本连接在一起且缺乏流动性。人力资本必须结合物质资本才具有生产力，才能实现其自身价值。因此，企业是一个可控制的物质资本的集合，人力资本仅是物质资本的附属物（Hart 和 Moore，1990）。企业的核心价值和利润主要由物质资本所创造（Zingales，2000）；并凭借这些竞争对手难以复制的庞大物质资本帮助企业获取规模经济和范围经济。对企业物质资本的所有权就成为了对企业权力的主要来源，并且，由于分散的股东将所有权委托给高级经理层，租金来自于产品，所有的权力大量集中在垂直整合组织的高层。因而传统工业企业的关键性资源是物质资本。

但在专业服务业企业中，人力资本成为了企业的关键性资源。大量高素质的人力资本构成了这类企业竞争对手难以复制的关键性资源（Zingales，2000）。正如 Maister（1993）所言，专业服务业企业成为了“我们的资产就是我们的员工”这一说法的极端代表。专业服务业企业卖给客户的与其说是公司本身的服务，倒不如说是具体的专业人员的服务（或特定团队的服务）。无论专业服务业企业属何种类型，人力资本都是企业所仰仗的关键性资源（Greenwood，2005）。人力资本成为企业利润的主要来源，是企业不可或缺的关键性资源，并在企业价值创造过程中具有不可替代的作用。由于人力资本不再依附物质资本，他们在企业中的自主权得以大大提高，特别是对于具有思想独立、意志坚决的人力资本来说，如果没有被充分授权，或者没有做通其思想工作的话，很可能就会形成“上有政策，下有对策”的局面，行动很难有进展。人力资本与企业之间以及个人与团队之间的关系可以不再是雇佣与被雇佣的关系，而是共生的关系。因此，人力资本在企业中的谈判力也较强，在其职责范围内拥有相当程度的自主权。

（二）绩效考核与管理趋于复杂化

传统工业企业是物质资本高度密集的纵向一体化组织。企业通常生产同一种或起码相似的产品，且生产的产品一般都是有形产品，可形成流水线作业和批量生产。其竞争优势主要来自规模经济与范围经济（Chandler，1977）。因此，可以选择、优化某种“最佳”工作方式。并且规模经济与范围经济的实现也有赖于大生产和大分配的“最优配置”。将生产和分配相结合，并加以优化，单一企业就能完成制造和销售一个产品系列所涉及的许多交易和作业程序。甚至，企业可以通过纵向一体化将上下游的物质资本整合到一个企业中，实现从原料、半成品的供应商直到零售店和最终消费者整个链条的全程控制。企业员工根据物质资本的需要，接受上级工作指令，在某一固定岗位，机械且重复作业。通过其生产产品的合格率、单位时间生产产品数量以及工序是否符合既有操作流程规范等考核指标体系，就可以评估人力资本的生产效率和绩效。

但在专业服务业企业中，企业产品通常是无形产品或服务，它们不仅知识含量较高，并且还具有无形性、生产消费同时性、不可分离性、品质差异性、不可储存性以及所有权的不可转让性等特性（Bart，Gemmel 和 Raland，2003）。与传统工业企业和一般服务企业所提供的业已定型的一揽子产品和服务相比，这些产品或者服务大多为客户量身定做，需要满足客户的具体需求，甚至要针对客户的独特问题，大量应用专业知识和个人经验进行诊断，并寻找出切实可行的解决方法，整个工作过程很少有能够可靠地运用程式化方式执行。因此，绩效相对较难直接评估，企业无法利用简单的评估体系评估人力资本的生产情况。在缺乏人力资本生产效率的情况下，经理人很难像调动企业内其他生产资料一样有效配置人力资本，只能将某个生产任务整体分配给人力资本，具体如何生产则授权其自行处理。

（三）企业对声誉的依赖程度增强

良好的企业声誉被认为是一项战略性无形资产（Jackson，2004），对企业参与竞争、吸引客户与合作伙伴、降低交易成本、提高交易效率、形成竞争壁垒都有积极作用，所以每个企业都注重维护和培育自己的声誉。但传统工业企业与专业服务业企业对于声誉的依赖程度存在不同。从某种意义上说，企业声誉能在一定程度上揭示企业的类型（Tadelis，1998）。

传统工业企业以生产有形产品为主，产品相对标准化。对于有些产品，消费者 a

可以通过颜色、价位、手感、味道等探究性和体验性方式鉴别产品质量，无须具备很高的专业知识和技能；另外，传统工业企业的产品也有着较为规范的生产标准和工艺流程，以及成熟的检验检测手段。因此，很多消费者在选择不同企业生产的同一类型产品时，感觉差异并不会很大，在成熟市场上，部分工业企业产品甚至出现同质化倾向。这也导致传统工业企业，除了维护良好的企业声誉外，还需要很多战略的跟进（如采用低价格、大营销等手段）才能达到争取更大的市场份额、获取更高的利润的目的。

而专业服务业企业，其产品主要是以无形的服务体现，它与有形产品有着不同的特性（如图 3-1）。

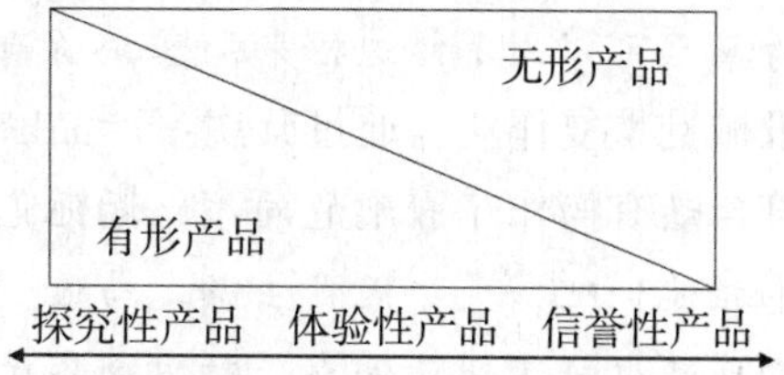

图 3-1　无形产品与有形产品的不同特性及相关重要性

资料来源　Bart Van Looy，Paul Gemmel and Raland Van Dierdonck：*Services Management：An Integrated Approach*, Page12, Pearson Education Limited, 2003.

这些服务通常蕴含较高的专业知识和技能，大量融入专家们的甄别和个人判断，并且需要高度定制化以及客户的高度参与和交流。在此背景下，客户在购买服务产品之前很难（有时根本不可能）判断产品质量。正如 Bart（2003）所言：如果客户看不到、听不到、感觉不到、闻不到，又品尝不到某件物品，那么他在购买之前如何试用？这时候客户需要借助声誉来间接、先验地判断企业产品质量。因此，专业服务业企业所提供的服务中，信誉性品质占主导地位。例如，多数患者不具备判断医生诊断正确与否的能力，他们仅凭医生的信誉就诊。企业声誉是个人声誉的集合（Tirole，1996），个人声誉属于人力资本，是一种不可交易、不可替代也不能编纂的资产。所以，部分专业服务业企业有“着装法则”，目的就是为了企业中的每一位员工都给顾客留下严肃性、职业化和技术专家的印象。

专栏 1：专业服务业企业的声誉信号

上述“着装法则”，在与笔者所供职公司合作的专业服务业企业详见附录 1 中表现得淋漓尽致。有些企业，如仲量联行、KPMG、MURPHY、CBRE，不管是在炎炎夏日，还是在较为寒冷的冬季，他们的员工总是身着深色西服，打着领带，手持公文包，显得文静而优雅。冬天没有问题，在写字楼内召开会议也没有问题；但在酷暑难耐的夏天，有时候，我们需要去参观项目或视察工地，他们也是同样的着装，为我们现场介绍、讲解。笔者曾私下问他们，难道你们不热吗？他们的高管只是会意的微笑，但下面的职员则较为无奈的回答，这是公司规定。目的就是为了给顾客留下严肃性、职业化的印象。这种看似没必要的规定，在与他们的文件往来过程中也同样显现得淋漓尽致。比如，任何文件，哪怕是只有几句话，或者一行字，也不管是否重要，都需要加上项目负责人的签名，也通常要加上一个彩色的封面和封底，从不觉得浪费；所有的工作 E-mail 会同时抄送项目团队的所有成员，也从不嫌麻烦。而有些企业，如 ALT、CATE、亚凡设计，可能是为了凸显其技术专家的形象，他们有些人的衣着和行为甚至可以用不修边幅来形容，留着长发，不剃胡须；有时候为了赶来公司参加会议，他们穿着 T 恤、短裤甚至拖鞋跑过来。遇到重要会议，需拍照留作公司大事记时，还真为难了我们的同事，拍他们吧，上级公司领导和外边的人肯定会有看法，不拍他们吧，大事记没法做。与他们之间的过往文件，很多都是手写稿，同事向他们反映这样不便于保存，对方也不予理睬。无奈我们只好通过扫描储存起来。

二、专业服务业企业的本质

上文运用比较的方法已较为深入地分析了专业服务业企业不同于传统工业企业的特性差异。通过本书第二章对企业本质研究的理论回顾以及上述专业服务业企业的特性差异的论述，我们接下来尝试对专业服务业企业的本质问题进行研究。

（一）企业本质的回顾

在文本第二章的基础理论回顾中，我们结合时间、企业与市场、契约 3 个维度对企业本质研究做了较为系统的梳理，并将企业本质研究的最新进展定位在 Ranjan 和 Zingales 的关键性资源进入权理论。该理论突破传统企业理论的束缚，不满足 GHM 模型用物质资产来定义企业，特别是用剩余控制权来标识企业所有权的做法，而是通过分析工具的创新，将人力资本和权力纳入理论分析的框架，无疑是理论沿着实践的方向前进的一大步。

为了行文的需要，在这里有必要重温 Ranjan 和 Zingales 的关键性资源进入权理论的主要观点。按照他们的理解，企业是关键性资源的集合体。其中，关键性资源不仅包括关键性物质资本和有产权特征的无形资产，也包括无产权特性的关键性人力资本，比如专业知识、天赋、技能、体力等要素。另外，他们将人力资本理论与产权理论相结合，认为权力是企业的核心要素，提出企业取代市场是因为权力使代理人能进行专用性投资，并将权力定义为是对有价值资源的控制权。而且，这里所讲的资源不是在竞争性市场上通过确切的合约（explicit contract）来交易的。他们还提出了权力来源的3种方式：产权、进入权（access）和专业化（specialization），并特别强调了进入权在激励员工进行人力资本专用性投资时产权所不具有的优越性。他们提出的“进入权”的概念，即企业员工被赋予对企业而言的关键资源（可以是物质资产，比如1台缝纫机；也可以是创意，关系等等）的使用和进行专用性投资的权力。通过对进入权的不同配置来实现人力资本参与价值分配的目的。而专用性投资是指企业特定性专用性投资，即针对企业个性化需求而进行的专用性投资。当员工进行企业特定性专用性投资时，他们就能获得一些权力，并通过专业化来建立互补性，使个人与特定企业联系在一起。基于此，Ranjan 和 Zingales 将企业定义为围绕关键性资源所构建的专用性投资联结（即资产与人的联结）。

（二）专业服务业企业的本质初探

下面我们将遵循关键性资源进入权理论的分析逻辑对专业服务业企业的本质进行研究。诚如上文专业服务业企业特性分析所述，在专业服务业企业中，人力资本以及与客户的关系成为了专业服务业企业的主要资产，人力资本成为了企业的关键性资源，人力资本成为创造价值的源泉，人力资本的自主性也得到了极大的提高。按照 Ranjan 和 Zingales 对企业本质第一层次的理解：企业是关键性资源的集合体。我们可以认为专业服务业企业的本质是体现专业服务业企业特定要求的人力资本的集合体。但 Ranjan 和 Zingales 并没有用“集合体”来定义企业，而是使用了“联结”这个词，其意是指通过一定的要素把企业有价值的资源凝聚在一起，使之具有互补性。我们认为使用黏性组织（coherent organization）来替代“集合体”和“联结”可能更为形象和贴切。任何一种契约、组织、交易形式或生产方式都或多或少存在一些黏性要素（coherent factors），这些要素是企业共有或者不可分割的，它们与企业中的其他要素相结合会产生更高收益或失去这些要素会遭受更大损失（聂辉华，2003）。比如，在一般的企业中，权力是企业的核心要素，也是企业共有或不可分割的要素，因而它是企业的黏性要素；在以人力资本为关键性资源的专业服务业企业，人力资本也成为企业共有或不可分割的要素，因而人力资本也是企业的黏性要素。

因此，我们可以将专业服务业企业的本质理解为由人力资本组成的关键性资源的黏性组织。

上述理解可以让我们认清专业服务业企业的本质轮廓，但要更全面理解专业服务业企业还需要从权力这一企业核心要素入手（我们在下文还将对权力做进一步深入的论述）。按照关键性资源进入权理论的观点，权力是企业的核心要素，权力来源有 3 种方式：产权、进入权（access）和专业化（specialization）。笔者认为，与专业化相对应的专用化（specializing）也应该算是权力来源的一种方式[①]。虽然专业化是员工针对企业个性化需求去掌握某一专业领域的人力资本并持续投资，专业化对企业而言非常重要；而专用化是员工专用于所在企业的人力资本投资，一旦离开企业其投资收益将变为零或很小，但与此同时，企业如果没有专用化，其损失可能比员工更大，甚至可以威胁到企业的生存与发展。对于专业服务业企业来说，人力资本成为了企业的关键性资源，而人力资本不可能被第三方占有，缺乏清晰的产权（Rebitzer 和 taylor，2007），因此，重点需要关注的是进入权、专业化和专用化。组织黏性内生于权力的交易过程。在专业服务业企业内部进行权力交易的过程中，员工能否“黏”住企业取决于员工人力资本的专业化和专用化程度；企业能否“黏”住员工取决于企业家（或者企业所有者）给予员工的进入权的程度。其核心就是是否能成为关键性人力资本以及是否能掌握关键性人力资本之间的交易。

更进一步，从员工的角度看，其进入企业后可以通过“干中学”在专业化和专用化两个方面增进人力资本，获取权力，提高其对企业的“黏”性。虽然员工的专业化和专用化人力资本中会有一部分外溢为企业共有的人力资本，但也总有一部分会以“局部性人力资本”的形式存储在个人身上（聂辉华，2003）。员工进行人力资本专业化和专用化投资后，不仅可以获得更多的合作剩余，而且增加了其在与企业谈判时相对于其他的没有进行投资的员工的谈判优势（Grossman 和 Hart ,1986），也即获得了权力。员工一旦离开所在企业，便无法与先前那些共有的人力资本相结合，也就将失去人力资本投资带来的额外收益。

与此同时，从企业的角度讲，员工的专业化或专用化投资都将增加企业的收益。所以，企业需要授予他们进入权，保证他们有权力使用关键性资源或与关键性资源一起工作，鼓励他们的投资行为，提高其对员工的“黏”性。另外，企业需要通过

---

①当然，权力的来源可能还存在多种方式，比如，聂辉华(2009)认为，在考虑了当事人之间的信息不对称之后，声誉也构成权力的来源。

某些机制把共有的人力资本保留和继承下来。比如，“晋升或走人”（up-or-out）机制。让那些不断增加其专业化和专用化投资，并不断贡献共有人力资本的员工有可能得到晋升。晋升相当于给予员工对企业关键性资源的进入权，不仅意味着员工有更高的收入，更意味着其获取使用关键性资源或与关键性资源一起工作的权力，同时也达到了企业能够留住企业内共有的人力资本的目的；而走人则是解雇那些没有贡献或者很少贡献共有人力资本的员工，或者让他们主动离职，这也就相当于剥夺了他们对企业关键性资源的进入权，避免企业内的核心资源被非关键性人力资本所窃取。

上面的论述可能有些抽象，我们通过绘制专业服务业企业生命周期图（如图3-2），并以举例的形式来对上述问题加以说明。

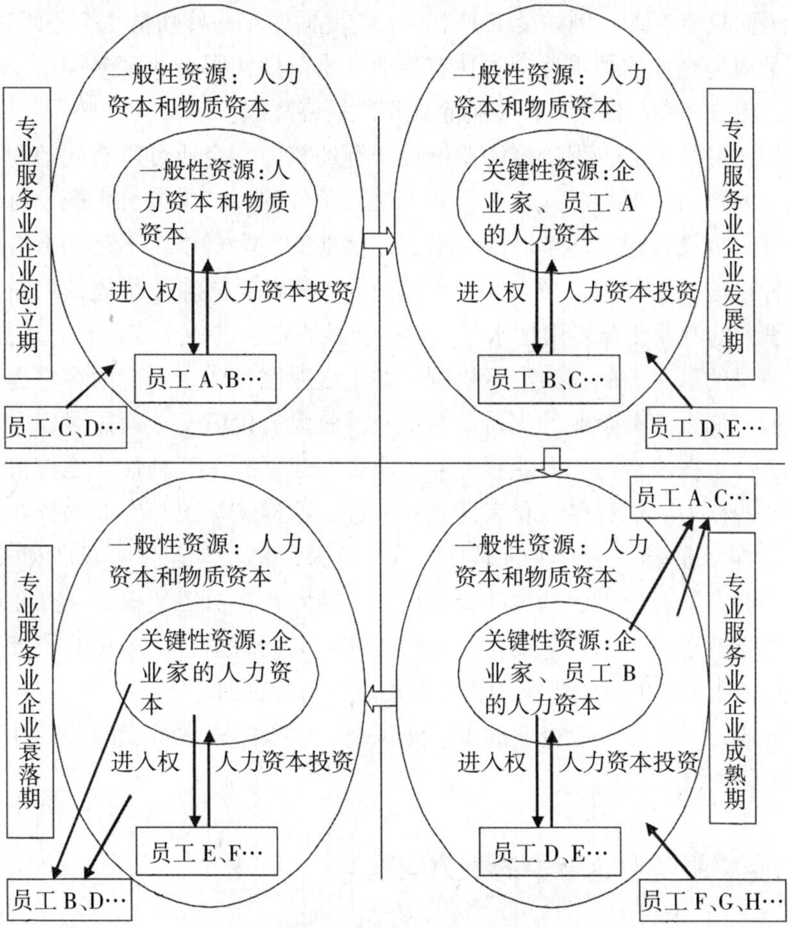

图 3-2　专业服务业企业生命周期图

例如一个专业服务业企业在创立初期，企业的关键性资源是企业家的人力资本，假设其中有一项是客户关系资源，企业家给予员工A直接接触客户关系资源的权力。当接受这种权力时，该员工的人力资本对企业来说并不是十分有价值的。但是，随着时间的推移，他不断地进行人力资本投资，比如与客户建立起牢固的关系，能十分清楚客户的新的需求等。这时，员工A的人力资本对于企业来说就非常有价值了。这是由于他是联系客户和企业的关键，员工A的人力资本成为了企业的关键性资源；在企业发展期，通过不断地给予不同员工，比如B关键性资源的进入权，让员工进行人力资本投资，实现企业的发展壮大；到了企业的成熟期，没有进行足够的专业化和专用性水平人力资本投资的员工由于得不到更大的进入权而得不到晋升或者利润分成，因而只能走人，例如员工C和A；与此同时，一些新员工会不断进入企业，并有一部分成为企业的关键性资源；在企业的衰落期，因企业家未能给予员工更大的进入权，无法“黏”住员工而使得企业组织最终解散。

可见，通过赋予员工直接接触关键性资源的权力，企业可以有效地配置有价值的剩余权力或权力。但是，这种配置并不是无条件的。如果该员工既没有在接触方面进行投资，也没有建立起牢固的关系，那么他的人力资本就不是那么有价值。企业可以很轻松地收回这种权力，并转给其他人。因此，来自于优先使用权的权力就依赖于当事人的专业化和专用性水平。对企业核心资源的使用权进行有选择的分配，就是我们所说的事实上的权力配置机制。如果专业服务业企业能为客户提供足够多的独特价值，那么没有企业的支持，员工几乎就没有价值了。通过对建立客户关系进行投资，员工在他自己和专业服务业企业之间建立起了互补性，也使得企业拥有一些控制他的权力。通过专业化来建立互补性，这样使员工与专业服务业企业联系在一起。这样专业服务业企业的本质可以理解为是相互专业化的资产和人的结合。由于员工“拥有”客户，所以他的权力更大。因此，在员工的权力和专业服务业企业的权力之间就达到了一种平衡。与在钱德勒意义上的垂直一体化的传统工业企业中的员工和企业之间的权力平衡相比，上述这种平衡更加稳定。

综上所述，专业服务业企业的本质体现在：由人力资本组成的关键性资源进行权力交易的黏性组织。

三、专业服务业企业中的权力问题

既然权力是企业的核心要素，并体现企业的本质。因而有必要对它做进一步的认识。下面我们将从何为企业权力、权力有何作用以及权力来自何处等3个方面来具体探讨。

（一）何为企业权力

“权力”这个词在不同的场合有完全不同的含义。经济学中对权力的研究是伴随着对企业的研究而来的。在本书第二章的企业本质理论回顾部分，我们已提到，在新古典经济学中，企业只是一个投入产出的“黑箱”，并且从长期来看，其只能获得均衡条件下的正常利润；企业内个性张扬的“人”也还尚未从幕后走向前台。此时，掌握权力的人与没有权力的人看不出有什么实质性的区别，权力的存在与否也似乎并不重要。当Coase（1937）打开企业的“黑箱”后，他发现企业内部资源配置是通过权威关系而不是通过非人格化的价格机制来完成，企业内部的权威关系能大量减少需分散定价的交易数目，并将企业权力理解为权威。

与Coase不同，Alchian和Demsetz（1972）否认企业的权威关系与市场上价格机制调节的交换关系有本质的不同。他们将企业权力设定为一个组合，这个组合包括剩余索取权（residual claimant rights）、观察投入行为的监督权力、中心签约人地位的权力、改变团队成员结构的权力以及出售企业的权力。其中，特别强调剩余索取权的重要性，也即享有企业经营剩余（租金）的重要性。Grossman、Hart和Moore（简记为GHM）认为上述定义是基于完全信息和契约完备的假设前提下的产物，而事实上，契约总是不完全的。因而除了那些事前能够通过契约加以明确界定的权力外，还存在大量没有清晰界定的权力。他们用“剩余控制权”（residual control rights）的概念来定义。Rajan和Zingales（1998）进一步将企业权力定义为是对有价值资源（关键性资源）的控制权；而且，这里所讲的资源不是在竞争性市场上通过确切的合约（explicit contract）来交易的。对于专业服务业企业来说，企业的关键性资源是关键性人力资本，因此，其权力可以定义为对关键性人力资本的控制权。

（二）权力有何作用

企业权力扮演的角色是在契约不完全条件下培育与保护某种环境下的关系专用性投资（卢周来，2009），并提升企业的运营效率。如果员工可以无成本地签订所有状态依存合约（state-contingent contracts），并且可以保证这些合约都不需要重新谈判，那么权力的配置就没有什么作用了。在一个所有相关决策都可以事先确定的世界里，权力的配置只会影响分配，而不会影响效率。换句话说，一旦所有的偶然性都可以被预见，并且可以提前在合约中列明，同时法律机制能够完全实施合约，那么权力的实施就没有什么空间了。但事实上，至少有3个方面能体现权力的作用(Rajan 和 Zingales，1998)。

首先，当员工拥有的权力越大，他得到的剩余就越多，这反过来又会对他的激励和决策产生影响。对激励的影响有两个方面。当员工拥有权力时，他能确定自己能从与企业的合作中获得较多的剩余，即使他知道合约并没有给他充分的保护。这是权力的“平均”效应，它会诱导本来很犹豫的员工进行合作。权力也会随着员工的专业化投资水平的提高而提高，这就会激励他进行专业化投资。这就是权力的“边际”效应。由于专业化投资可以增强企业的功能，所以权力的适当配置可以提高企业的效率。

其次，权力能够赋予企业实施可置信惩罚的能力，当员工不能采取行动来提升企业价值时，权力的配置会对惩罚的可行性集合产生影响。如果员工拥有权力，而该权力本身构成了实施惩罚的能力。当他的行为违背企业利益时，那么企业对其惩罚在一定程度上是不可置信的；相反，如果员工没有权力，那企业运用权力来惩罚他的可置信将大大提高。因此，这一可置信的承诺将增强没有权力的员工进行专业化投资的激励。显而易见，权力会对组织的生产性价值(productive value)产生影响[①]。

最后，权力自身也是一种防止被无效率诈骗的必要手段。例如，在大的专业服务业企业中，有一些任务使得那些承担该任务的人获得的权力并不成比例。若员工能从其所承担的任务中获得较大的权力，则其专业化投资就可能会足够；若员工从其承担的任务中获得的权力较小，则其专业化投资就可能会不足。在企业里，权力所有者运用其手中的权力去分配任务，从而使得员工的专业化投资与共同利益相协调。

（三）权力来自何处

产权是企业权力的来源，在企业理论中得到了公认。但 Rajan 和 Zingales (1998) 认为产权并非企业权力的唯一来源，他们引入了“进入权”来理解企业权力的来源与分配。进入权被定义为使用或操作关键性资源的能力与权力。比如，如果企业中的关键性资源是机器设备，那么，进入权意味着操作这些机器设备的权力；如果关键性资源是一个思想，进入权就意味着对这个思想的细节的了解程度；如果

①不仅是企业，在任何的经济组织，乃至整个社会，对权力的制衡显得尤为重要。毕竟权力本身构成了实施惩罚的能力，对有权者的惩罚在一定程度上是不可置信的。

关键性资源是一个人，进入权则是指与此人工作紧密的程度。在专业服务业企业中，关键性资源是人力资本，进入权意味着保证员工有权力使用这些人力资本或与其一起工作。

在专业服务业企业运营的实际过程中，对资源的控制同样产生权力，比如员工在工作过程中积累的客户关系，虽然他并不直接拥有这些客户，但他同样拥有权力。考虑资源的控制问题，在企业的剩余创造过程中，我们认为企业权力至少还存在两个方面的来源。

首先是专业化。上文已提到专业化是员工针对企业个性化需求去掌握某一专业领域的人力资本并持续投资。其实，员工所进行的专业化投资，与其说是针对某一企业的，不如说是针对某一职业（行业或领域）的更为恰当。也就是说，人力资本在大多数情况下是具有很高的“通用性”的。进行专业化投资的员工一旦退出企业，就会造成企业生产能力下降，甚至危及企业生存；与此同时，该员工几乎没有任何损失，还很有可能他跳槽后的收益将大于原先获得的。因此，必须赋予专业化投资主体一定的权力。专业化成为了权力的来源之一。

其次是专用化。它是指员工的人力资本专用于所在企业，一旦离开企业其投资收益将变为零或很小。企业之所以能够获取投入与产出的差额收益，并具有市场竞争力的原因之一就是有专用化的存在。但同时正是由于一旦离开企业，其投资收益将变为零或很小，使得专用化存在被套牢或敲竹杠（hold-up）等机会主义行为侵害的风险。专用化对企业而言具有无可替代的重要性，加上其存在被“盘剥”的风险而出现投资不足的可能，因此需要对某些权力进行保护和激励。专用化自然也就成为了企业权力的来源之一。

四、专业服务业企业的边界问题研究

（一）企业边界研究的回顾

企业的边界问题是企业理论研究的核心内容之一，因为它决定了企业的治理边界及资源配置的效率[①]。学术界关于企业边界的研究观点各异（如图 3-3）[②]。Coase

---

① 新制度经济学的代表人物是奥利弗·威廉姆森（Oliver E.Williamson），就是因为“在经济治理方面的分析，特别是对企业边界问题的分析”获得 2009 年诺贝尔经济学奖。

②关于企业边界理论的整合与梳理，王洋以科斯思想为基础，将企业边界理论划分为基于交易费用、管理费用、战略、知识、资源以及能力等共六大类的企业边界理论。具体内容详见：王洋：《企业边界理论的研究——基于科斯思想的演变与发展》[M]，北京，经济科学出版社，2009 年。

(1937) 开创性的研究被公认为企业边界理论的分水岭。在他看来，所有的交易都有一个成本，这个成本就是利用价格机制的成本，包括发现价格的成本、谈判和签约的成本以及利用价格机制的机会成本。一笔交易是在企业内进行还是在市场上进行取决于交易成本的大小。他将企业边界定义在价格机制被内部计划机制代替的那一点上。

沿着 Coase 的思想，由 Alchian 、Demsetz (1972) 和 Grossman 、Hart (1976) 等人发展起来的以团队生产理论和委托—代理理论为主的完全契约理论体系以及由 Williamson (1985)，张五常 (Cheung，1983)，Hart (1995)，杨小凯和黄有光 (Yang 和 Ng，1994) 等发展起来的以交易费用和产权为主的不完全契约理论体系共同构成了企业边界主流研究范式。

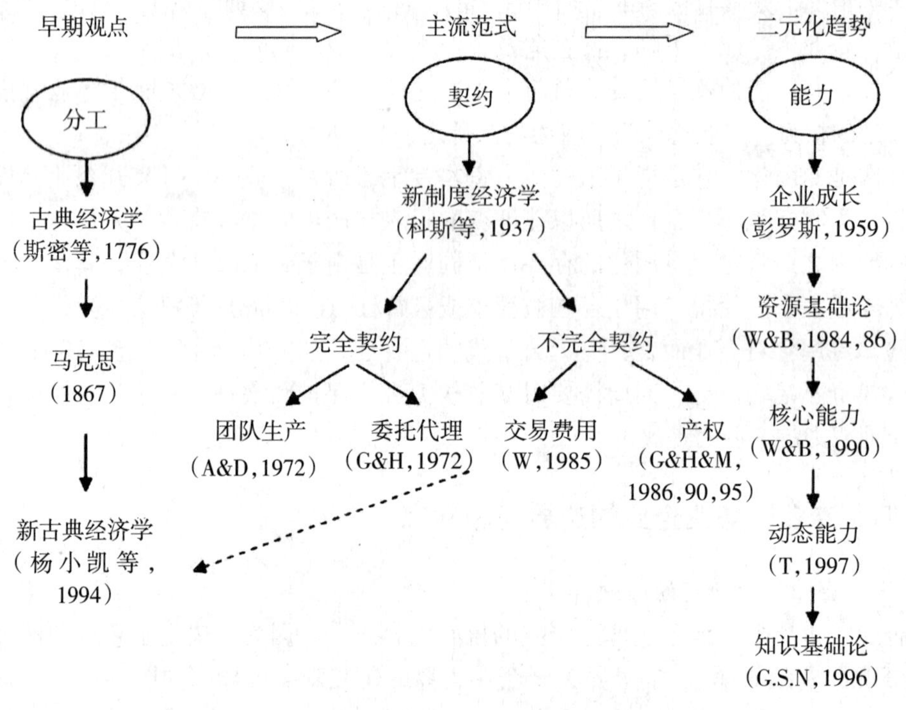

图 3-3 企业边界不同理论的历史与逻辑

资料来源 董华：《技术进步、制度演化与企业多重边界》[D]，16 页，暨南大学博士学位论文，2010 年。

但实际上，交易成本的大小并不一定是企业边界的唯一衡量标准。由于在有些交易中存在专用化，可能会出现敲竹杠行为的威胁[①]。为有效解决企业面临的敲竹杠问题，可以通过采用改变企业边界的一体化策略。在以物质资本为关键性资源的企业中，控制了企业关键性物质资本的产权也就控制了企业。因此，通过产权界定企业边界被视为是一种非常便于操作的方法（Hart，1995）。

（二）专业服务业企业边界的新理解

人力资本的重要性日益增强，削弱了源于物质资本所有权的命令—控制体制，使得垂直一体化的企业很难继续保持其完整性。在这一背景下，Rajan 和 Zingales（1998；2000）提出了关于企业边界的全新观点。他们认为，企业的边界并不是由“所有权—控制权”（GHM）意义上的物质资产决定的，而是由企业所能控制的“核心资源”决定的。企业通过给予谁进入权，从而决定了事前的企业边界。因此，判断代理人是否属于企业，则只需要看代理人是否获得了企业给予的核心资源的进入权。如果获得了进入权，那么就在企业边界之内；反之则不在。他们将这种由核心资源的进入权界定的企业边界称为“经济边界”。与传统的基于物质资本产权的“法律边界”相比，“经济边界”不容易被法院证实。

Rajan 和 Zingales（1998）通过所罗门兄弟（Salomon Brothers）债券交易团队的例子进行说明。20 世纪 80 年代末和 90 年代初，所罗门兄弟（Salomon Brothers）债券交易团队由一些为所罗门赚了大钱的、特别有才能的交易员和“火箭科学家”组成。但是所罗门并没有给予他们除了资本和名誉以外的任何东西。到了 1991 年，该团队中的一个成员试图垄断短期国库券拍卖的错误行为，使得所罗门的资本和名声都遭受了重大损失。即使把该交易团队的领导人——约翰·梅里韦瑟（John Meriwether）——解雇，也没有起到什么长期的惩罚作用，过了一段时间，许多能力极强的交易员（1990~1993 年间所罗门 87%的利润都是他们赚来的）也离开了所罗门，追随梅里韦瑟加入了一家新公司，即长期资本管理公司（Long-term Capital Management）。由于种种原因，它后来就成了有名的所罗门·诺斯（Salomon North）。由此可见，人力资本的作用比所有权的作用大多了。

从法律角度看，债券交易团队是所罗门的一个内部组成部分。因此在该团队犯错误时应该（事实上也的确）惩罚所罗门。但是，如果我们换一个角度来思考这个

① 关系型专用性资产在交易关系以外其价值会大幅缩水，所以敲竹杠行为的威胁是可置信的。

问题，即企业的边界只会达到高层管理者能实施其权力（而不是只能通过货币奖励来说服）的那一点，那么该交易团队就不是所罗门的一个内部组成部分。它仅仅是租用场地、所罗门的名称以及一些资本，并以一部分利润作为租金交给所罗门。

在现实生活中，相关的例子还有许多。比如，律师事务所是典型的专业服务业企业，其关键性资源是客户关系以及所内重要的人力资本。从基于物质资本产权的“法律边界”角度看，律师事务所的边界应该包括在事务所中供职的全部律师。然而事实上，很多律师在律师事务所中供职，律师事务所却无法有效控制他们。因为律师事务所里的许多专职律师只是为了获得出庭资格，将办公场所挂靠在该所。事务所根据专职律师的业务量收取他们一定比例的提成或者按期固定收取专职律师一定的费用。所里与专业律师的关系也到此为止，他们之间不会共享客户资源，律师事务所也不会将企业关键性资源（客户关系）的进入权给予他们，他们彼此是自负盈亏的不同经济体。因此从经济边界看，这些专职律师并不在律所的企业边界以内。再比如，广告公司也是典型的专业服务业企业，同一家广告公司可能会存在多个团队竞争同一单业务的情况。按照法律边界视角，同一公司下面的团队尽管独立开展业务，独立核算，仅利用公司名称这个平台和一些公共资源，但这些资源都是企业可证实性的资源，因此还是应归属于该企业，而团队从外单位请过来的设计师则不归属于该企业。但从经济边界来看，团队从外单位请过来的设计师已经构成了创造企业价值的资源，并能被团队有效控制，且设计师也能获得团队关键性资源的进入权。因此，这些外来的设计师，哪怕是只为某一项目而短暂进入团队都应该是属于企业边界以内。综上所述，与传统的基于物质资本产权的“法律边界”相比，基于核心资源进入权的“经济边界”更能准确解释专业服务业企业的边界问题。

专栏 2：专业服务业企业边界问题

笔者因业务的需要，经常与一些专业服务业企业打交道。时常也会发现一些相关的现象和问题。比如在我们聘请的律师事务所里，存在许多买“卡位”（也就是一定的办公场所）专职律师，他们为了获得出庭资格，将办公场所挂靠在该所。当这个专职律师的营业额超过一定水平后，所里还会收取他一定比例的提成。所里与专职律师的关系也到此为止，他们之间不会共享客户资源，是自负盈亏的不同经济体。虽然我们名义上是与律师事务所签订合同，但在具体开展业务的时候，专职律师叮嘱我们只对她本人。记得有一次，公司要笔者去该所派送参加招待会的请帖，刚好这位专职律师不在，笔者把请帖给到了所里的“同事”，后来弄得她非常紧张，生怕“同事”抢走了她的客户，亲自跑来我们公司嘱咐了大半天，并且还送上了一个大果篮表示“慰问”。不仅律师事务所内部存在这样的现象，广告公司也同样存在相似的问题。在笔者所在公司的一次广告设计招标中，同一家广告公司竟然有两个团队独立报名参加。其中，有一名设计师在两个团队名单都出现。在他们进行陈述时，我们问他们为什么同一家公司会有两个团队过来竞标。他们解释说两个团队是独立开展业务，独立核算的，仅利用公司名称这个平台和一些公共资源。在问及为何同一名设计师出现在两个团队名单中时，他们并不感到惊讶，解释说他的能力很强，可能大家都喜欢和他搭档的原因。他们同时也表示，如果我们看中了其他竞标单位的某个设计师，他们也可以把他请过来作为团队的成员，并保证绝不会让服务质量打折扣。

五、小结

不同类型的企业因特性差异有着不同的本质。本章先运用比较的方法分析专业服务业企业不同于传统工业企业的一些特性差异。它们分别是人力资本成为企业的关键性资源，绩效考核与管理趋于复杂化以及企业对声誉的依赖程度增强。

Rajan 和 Zingales 的关键性资源进入权理论为我们研究专业服务业企业的本质提供了一个独特的视角。通过对人力资本为企业关键性资源和从交易双方两个方面对进入权、专业化和专用化等权力来源的分析，我们认为专业服务业企业的本质体现在：由人力资本组成的关键性资源进行权力交易的黏性组织。

基于权力是企业的核心要素，并体现企业的本质。我们从何为企业权力、权力有何作用以及权力来自何处等 3 个方面对其进行了具体探讨。另外，从专业服务业企业的本质切入我们可以发现：与传统的基于物质资本产权的“法律边界”相比，基于核心资源的进入权的“经济边界”更加吻合专业服务的本质问题，更能准确解释专业服务业企业的边界问题。

对企业本质的研究是企业理论的起点。企业的本质决定了企业治理的研究方向和内容。本书接下来的章节将以本质为切入点，研究专业服务业企业的治理问题。

第四章　专业服务业企业治理目标

价值创造，是一切企业的核心目标（宁向东，2005），而企业的治理目标可以理解为企业的价值取向，也即企业应该为谁服务，为谁而存在。这是一个老生常谈的命题，但学者们的争论仍持续不断。有学者认为企业治理目标是“股东至上”（Berle 和 Means，1932；Klein、Crawford 和 Armen，1978；Hart，1995；张维迎，1996），也有学者提出企业治理目标应该是“利益相关者至上”（Jensen 和 Meckling，1976；Freeman，1984；Blair，1995；Tirole，2001），还有学者赞同企业治理目标是“企业家至上”（Knight，1921；Kirzner，1973；Casson，1982；杨其静，2005）。学者们的观点都有其认为正确的理由，那么专业服务业企业的治理目标是什么？它是否与其他类型企业的治理目标相一致？它的具体内容包括哪些？这一系列的问题正是本章要研究的话题。

一、专业服务业企业治理目标的新解读

在本书的第二章，我们已经谈到不管是“股东至上”论或是“利益相关者至上”论，还是“企业家至上”论，学者们的观点并不存在绝对的对立和冲突，也不存在孰优孰劣的问题。学者们在企业治理目标问题上争论焦点的基础在于对企业本质认识的不同。正如李晓安(2004)所言：离开了对企业本质的逻辑把握，就不能有效地解释企业表象之间的逻辑联系和矛盾。只有回答了企业的本质是什么，企业为什么存在，谁应是企业的主人，才能真正地理解企业的治理目标。通过本书第三章对专业服务业企业本质的探讨，我们已经认识到企业是关键性资源进行权力交易的黏性组织，企业的关键性资源不仅可以是物质资本，也可以是人力资本；而企业权力是对这些关键性资源的控制权，权力的来源除了进入权，还可能是专用化或者专业化等。如果从这一角度入手，有关企业治理目标的讨论其实可以有效地整合在同一层面。

在古典企业制度下，由于人力资本的专用性不强，企业融资结构较为单一，企

业的物质资本往往成为企业价值创造的最主要贡献要素，企业的关键性资源由物质资本构成，物质资本的所有者被视为企业当然的所有者与剩余索取者。企业为物质资本所有者服务则是理所应当。但随着社会的进步和信用制度的发展，现代企业的融资渠道与结构变得日益复杂，除股东对企业的物质资本投资外，其他类型的专用性资本投入也更加重要，非物质资本在企业中的地位也不断提升，企业成为“人力资本和非人力资本的特别合约”（周其仁，1996），企业家在企业中的作用也逐渐被重视，人力资本逐渐成为企业的关键性资源，并成为企业价值创造的主要来源。此时，企业则应为人力资本而存在。

下面我们对企业的治理目标以一个象限图的形式做进一步的认识。以物质资本权力和人力资本权力这两大要素为指标，构建两个坐标轴并区分 4 个象限（如图 4–1）。

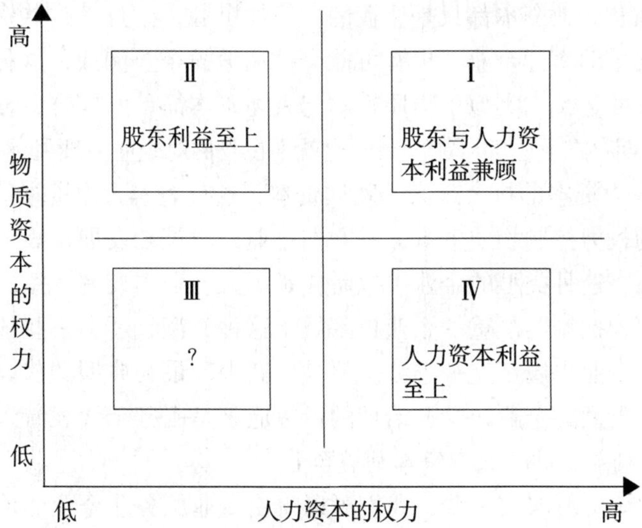

图 4–1　关键性资源、权力与治理目标

在象限Ⅰ，物质资本与人力资本的权力都很高，这意味着物质资本和人力资本都是企业的关键性资源，代表着物质资本利益的股东和投资者以及代表着人力资本的企业员工和企业家都有足够的权力影响企业的经营发展。这种类型的企业我们可以称作是“股东与人力资本利益兼顾”型企业。一般的公众公司都属于这种类型。这种类型企业的治理目标是应该为物质资本和人力资本所有者服务的，其重点就应该体现大股东和核心员工的利益，同时兼顾其他普通员工和其他利益相关者的利益，并约束所有利益相关者的行为。

象限Ⅱ，物质资本的权力远远大于人力资本，这表示物质资本是企业的关键性资源，代表着物质资本利益的股东和投资者拥有足够的权力控制人力资本，并左右企业的决策和发展。这类企业被视为“股东控制”型企业，古典企业和传统工业企业大部分属于这种类型。对这一类型的企业，企业治理的目标应该是服务于股东和投资者的利益，即“股东利益至上”。虽然，很多学者认为古典企业并不存在企业治理问题。因为，按照传统企业理论的观点，企业治理产生的前提条件是两权分离。但这类企业也存在委托代理以及企业剩余的分配问题，因此，从企业治理研究的发展来看，企业治理对其仍然重要。

象限Ⅲ，物质资本与人力资本的权力都很低，这代表着物质资本利益的股东和投资者以及代表着人力资本的企业员工和企业家都没有足够的权力影响企业的经营发展。物质资本和人力资本都只是企业的一般性资源，并且，这些资源都具有不稳定性，有可能会主动离开企业，也有可能会被动地被企业淘汰，这种类型的企业不符合我们对企业的定义，类似于物质资本与人力资本简单的集合，显然是没有生命力的，不具备长期存在下去的可能。当然也就不在我们对企业治理目标的分析之列了。

象限Ⅳ，人力资本的权力远大于物质资本，这代表着人力资本的企业员工和企业家拥有足够的权力控制物质资本，并左右企业的决策和发展，表明人力资本是企业的关键性资源。这种类型的企业可以看作是“人力资本控制”型的企业，许多股东分散，“内部人控制”严重的企业也都属于这种类型，还有一些核心骨干持股的知识型的高科技企业也属于这一类型。但是，其中，最为典型的代表就是专业服务业企业。对这一类型的企业，企业治理的目标应该是服务于代表着人力资本的企业员工和企业家的利益，即“人力资本利益至上”。

行文至此，从价值取向来看，我们可以得出专业服务业企业的治理目标是“人力资本利益至上”。但在专业服务业企业中，人力资本所有者并非单一主体，企业家和企业员工都是人力资本的所有者，他们都有可能将人力资本物化在企业之中。如果说专业服务业企业的治理目标是为所有人力资本所有者的利益服务，那正如反对“利益相关者的利益最大化”的学者所言：目标的多元化恰恰表明企业无目标，并为企业经营者逃避责任追求自己的目标提供了借口（张维迎，1996；Vives，2001）。因此，有必要再一次回到专业服务业企业本质：由人力资本组成的关键性资源进行权力交易的黏性组织。人力资本成为专业服务业企业的关键性资源，但并非所有的人力资本都是专业服务业企业的关键性资源，只有关键性的人力资本才是专业服务业企业的关键性资源。由此可见，专业服务业企业的治理目标更为准确的表述应该是为“关键性人力资本的利益服务”。

但关键性人力资本的所有者和掌握者在大多数情况下并非单一主体，通过本书第三章的专业服务业企业生命周期图，我们可以看出关键性人力资本的所有者除了企业家外，还可以是企业的关键员工；在专业服务业企业不同的发展阶段，关键性人力资本的所有者也会发生变化。一些员工通过一段时间的人力资本投资后，有可能成为企业的关键性人力资本的所有者；而关键性人力资本的所有者也有可能主动或者被动离开企业。企业关键性人力资本所有者不断变化其实质是权力不断交易的结果。在专业服务业企业中，为使得企业可持续发展，需要给予员工尽可能大的关键性资源，也即关键性人力资本的进入权，以激励员工对企业进行人力资本投资；而一旦员工充分掌握了企业的关键性资源，也即关键性人力资本，他们将拥有更大的权力，其外部的选择机会将更多，他们甚至有可能“自立门户”，成为企业的竞争者。因此，站在企业的立场，为员工提供恰当的人力资本投资激励，保障企业的关键性人力资本的安全，就成为专业服务业企业治理目标的具体内容。下面我们借鉴 Levin 和 Tadelis（2005）以及 Fumas（2007）的相关研究，用数学的方法，通过构建模型的形式来展开讨论。

二、人力资本投资的激励

（一）基本模型

假设专业服务业企业家拥有关键性人力资本（比如说是独一无二的创意、专业知识、客户关系等），企业家成立一家专业服务业企业，假定其需要一些员工 E_i，$i\in[1,n]$，来提供专业服务，实现产出收益。员工 E_i 必须进行人力资本投资，才能“黏住”企业；而企业家 B 必须给予员工关键性人力资本 C 的进入权，才能“黏住”企业。此处假设有员工 E_i 进行人力资本投资 i。由于专业服务通常具有综合性，仅靠一个员工难以完成服务项目。企业往往会将专业的综合性服务进行细分，分配到多个员工，通过团队合作来完成。从进入权理论可知，员工间的人力资本投资具有互补性，企业主最优策略是同时赋予不同的员工进入权①。由于专业服务业企业提供的服务具有客户定制性的特点，员工的人力资本投资有一定的专用性。而专用性与外部

---

①Rajan & Zingles（1998）：*Power in a theory of firm*［J］，Page 387~432，The Quarterly Journal of Economics.

选择权相关，假定单位人力资本 i 的外部选择权是：λ（$\lambda \leqslant 1$），则投资的专用性为 $1-\lambda$，员工进行人力资本投资需要一定成本 ci。假设企业家 B 和员工 Ei 都是风险中性[①]的。员工在外部选择权大于投资成本的情况下才会进行专用性人力资本投资，即员工进行人力资本投资必须满足以下参与约束：

$$c<\lambda \tag{1}$$

为简单起见，下面分 3 个阶段来刻画相应的问题（如图 4-2）。0 时点，企业家 B 决定哪些 E_i 可以接近和使用 C；那些被赋予了C的接近和使用权力的 E_i 在 0~1 时期进行人力资本投资。由于每个 E_i 的人力资本投资水平是未定的，即人力资本投资是不完备契约，为方便起见，我们排除任何在时期 0 的剩余分享协定。但由于 E_i 有自由退出的权力，因此我们假定对C的接近和控制程度是可以用契约保证的；1 时点企业家B与员工再谈判讨价还价并可以通过签订契约来解决剩余分配；1~2 时期员工提供客户服务最终实现产出；2 时点，根据讨价还价结果进行剩余的分配（此前是没有剩余分享契约的）与支付。

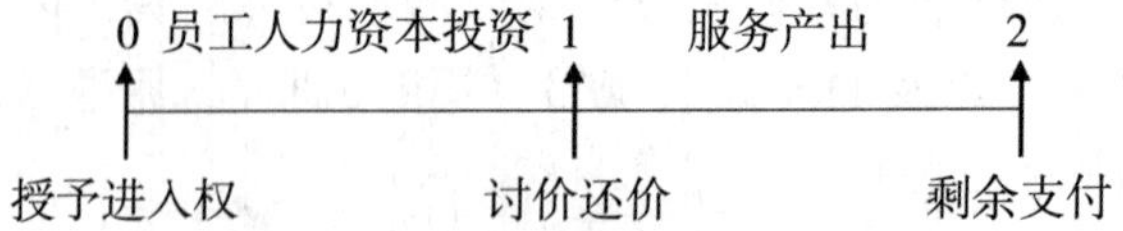

图 4-2 博弈次序

服务的产出函数为 F（C，in），满足：

$$F'(C)>0,\ F'(i_n)>0,\ F''(C)<0,\ F''(i_n)<0,\ F''_{ci}>0 \tag{2}$$

1 时点的讨价还价的均衡采用纳什讨价还价均衡（NBE，Nash Bargaining Equilibrium）。NBE 暗示利润最大化要求收益减去其机会成本为最大化，即 $Max\{F(C,i_n)-C-\lambda i_n\}$，然后双方就此最大化利润进行分配。假设 α 为员工的剩余分配比例，$\alpha<1$，α 体现了员工的讨价还价能力。

（二）模型求解

企业最大化利润：

$$Max\{F(C,i_n)-C-\lambda i_n\} \tag{3}$$

企业主最大化自己的剩余：

$$Max\{(1-\alpha)[F(C,i_n)-C-\lambda i_n]+C\} \tag{4}$$

① 企业家和员工风险中性，则其最优化即是最大化收益。

员工最大化所得：剩余支付减去外部选择权（机会成本）和投资成本，即

$$Max\{\alpha[F(C,i_n)-C-\lambda i_n]+\lambda i_n-ci_n\} \tag{5}$$

从（3）、（4）得知企业和企业主最大化利润的目标一致。

$$\text{F.O.C.}\quad F'(i_B^*)=\lambda \tag{6}$$

对员工最大化所得式子求解得：

$$\text{F.O.C.}\quad F'(i_B^*)=c-(1-\alpha)\lambda/\alpha \tag{7}$$

比较（6）和（7），得：

$$F'(i_B^*)/F'(i_B^*)=(1-\alpha)\lambda/\alpha\lambda=c-\lambda/\alpha\lambda+1$$

结合人力资本投资的参与约束（1）和生产函数设定（2）可得：

$$F'(i_B^*)/F'(i_B^*)<1,\ i_E^*>i_B^* \tag{8}$$

（三）结论分析

对式子（8）分析得员工最优的人力资本投资水平高于企业和企业家所要求的投资水平。可见对员工授予客户资源的进入权，可以激励其进行专用性人力资本投资。但双方各自利润最大化的投资水平不相等，员工可能进行了“过渡的”人力资本投资。

现实中专业服务业企业的人力资本水平往往还会有一定的外部效应，例如较高的人力资本往往显示出企业所提供服务较高的质量，进而带来一定的声誉效应。用$R(i)$表示，$R'(i)>0, R''(i)<0$。相对于企业家所要求的人力资本投资水平，员工“过渡的”人力资本投资往往会满足企业主的潜在收益需求。由于企业主最大化自己的剩余：

$$Max(1-a_1+a_2)[F(C,i_1,i_2)+R(i_1,i_2)-C-\lambda(i_1+i_2)]+C$$

$$\text{FOC. } F'\ (\ddot{i}_{j,B})=\lambda-R'(\ddot{i}_{j,B})<F'(i_{j,B}^*)$$

由 $R'(i)>0$，$R''(i)<0$，$F''_i<0$，

比较得 $\ddot{i}_{j,B}>i_{j,B}^*$，所以企业主能够接受 $i_{j,E}^*$（更接近 $\ddot{i}_{j,B}$）的人力资本投资水平。因此企业主能够接受员工的“过渡的”投资水平。

式（7）显示，员工专用性人力资本投资水平与讨价还价能力以及投资的专用性相关。式（7）λ求导得$[F'(i)]'(\lambda)<0$，即员工人力资本的专用性越小，外部选择权反而越大，员工进行人力资本投资水平越高。式（7）α 求导得$[F'(i)]'(\alpha)>0$，即员工最优投资水平与其谈判能力相反，也就是说企业家可以在无需牺牲较大的剩余索取权的情况下，通过进入权授予便能够激励员工进行人力资本投资。

三、关键性人力资本的保护

(一) 基本模型

继续沿用本章第二节模型中的基本参与人，企业家 B，关键性人力资本 C（比如说是独一无二的创意、专业知识、客户关系等），员工 $E_i, i \in [1,n]$，单位人力资本 i 的外部选择权是：$\lambda(\lambda \leqslant 1)$；假设专业服务业企业发展变大，员工中有一部分人被升为经理，经理 $M_i, i \in [1,n]$ 拥有不同的级别，并带有自己的团队。为使经理 M_i 对企业进行人力资本投资，需要赋予其关键性人力资本的进入权。假设经理 M_i 获取了关键性人力资本的进入权后仍留在了企业，则关键性人力资本是安全的；若经理 M_i 得到了关键性人力资本的进入权后自立门户，选择与企业竞争，则关键性人力资本就被窃取了。考虑到技术对企业规模的限制不是本书分析的重点，为了简化模型起见，假设生产函数是线性的，且包含企业家 B 在内，所有经理对产出的贡献均为 1 个单位，n 个经理 M_i 加上企业家B 组成的所有团队总产出为 n+1，为简单起见，下面仍然分 3 个阶段来分析相应的问题（如图 4–3）。

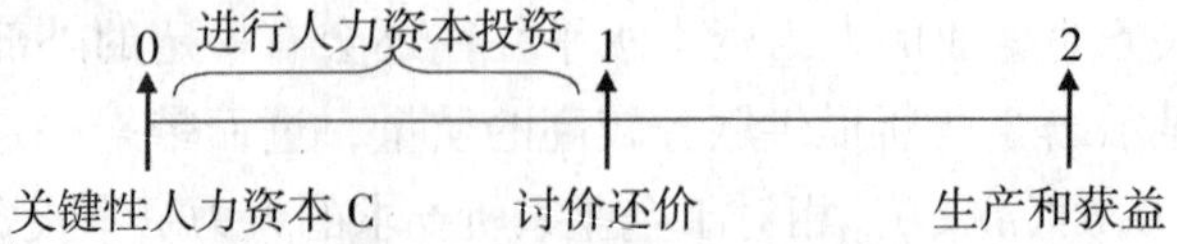

图 4–3 不同阶段的行为

时刻 0，经理 M_i 被赋予关键性人力资本进入权；在 0~1 时期，经理 M_i 面临两种选择，一是决定进行更多的人力资本投资，经理 M_i 进行人力资本投资的成本为 C_i，另外，就是利用进入权的机会窃取人力资本达到与原企业团队展开竞争的目的；时刻 1，决定了不同团队竞争的结果，只有产出最大的团队能够在竞争中获得胜利。1~2 时期，参与人进行讨价还价。时刻 2 根据讨价还价结果及产出进行分配。

假设处于 k 位置的经理 M_k 选择竞争，并假设其下属会追随他参与竞争（因为他们对M_k 做出了专用性投资），则其团队的产出为 $\Lambda_k(n-k+1)$。其中，设定 Λ_k为在 k 位置的“失窃率”，也即关键性人力资本被剽窃的程度。k 的位置越高（k 值越小），经理 M_k 的进入权越大，Λ_k也就越大。

(二) 模型求解

由于单位人力资本的外部选择权是：λ（$\lambda \leqslant 1$），那么经理 M_i 从事其他工作所能得到的最高收入为 1–λ，也即经理 M_i 参与企业家 B 的企业组织的机会成本为 1–λ。这样，处于金字塔最底层的经理 M_n 的保留收入为 1–λ，剩余经理的集体保留收入为 n–1。经理 M_n 通过与剩余的经理讨价还价后，在整个团队生产中获得的收益为：

$$\pi_n=\frac{1}{2}[n-(n-1)]+\frac{1}{2}(1-\lambda)=1-\frac{\lambda}{2} \tag{9}$$

因此$\frac{\lambda}{2}$就相当于由于关键性人力资本进入权的大小不同，经理 M_n 让渡给他的上级的收益。这样，第 M_{n-1} 个经理的收益为：

$$\pi_{n-1}=\frac{1}{2}[(n-1+\frac{\lambda}{2})-(n-2)]+\frac{1}{2}(1-\lambda)=1-\frac{\lambda}{4} \tag{10}$$

同理，第 k 个经理的收益为：

$$\pi_k=\frac{1}{2}[(n-\sum_{j=k+1}^{n}\pi_j)-(k-1)]+\frac{1}{2}(1-\lambda) \tag{11}$$

其中，$(n-\sum_{j=k+1}^{n}\pi_j)$ 为第 k 个经理以下人员得到自己收益后的剩余，$(k-1)$ 为没有 k 经理参与时的团队产出。通过归纳法，有：

$$\pi_k=\frac{1}{2}[(n-\sum_{j=k+1}^{n}(1-\frac{\lambda}{2^{n-j+1}})-(k+1)]+\frac{1}{2}(1-\lambda)=\frac{1}{2}(2-\lambda+\sum_{j=k+1}^{n}\frac{\lambda}{2^{n-j+1}})=1-\frac{\lambda}{2^{n-k+1}} \tag{12}$$

也即，有 n 个经理参与的团队生产当中，经理 M_k 的收益为：

$$\pi_k=1-\frac{\lambda}{2^{n-k+1}} \tag{13}$$

（三）讨论与结论

在一个赢者通吃的市场，如果企业家 B 和其他剩余经理 M_{n-k} 的产出要大于经理 M_k 选择竞争的产出，即满足：

$$\Lambda_k(n-k+1)<k-1 \tag{14}$$

经理 M_k 将无法在竞争中存活。很显然，Λ_k和 k 的值越大，对关键性人力资本所构成的威胁也就越大。

如果经理 M_k 预计到他可以在竞争中胜出，但是竞争的收益小于留在企业中的收益，那么作为理性的经理人，他仍然不会选择竞争。也即满足：

$$\Lambda_k[(n-k+1)-\lambda(1-\frac{1}{2^k})]<1-\frac{\lambda}{2^{n-k+1}}-ci \tag{15}$$

从（15）式中可以看出，专业服务业企业的关键性人力资本的安全程度与 k 值成正向关系，而与 Λ_k、ci 成反向关系。也即：k 值越大，经理 M_k 留在企业中的收益也越大，而选择竞争的净收益越小，他们对关键性人力资本所构成的威胁反而较小；Λ_k与 ci 越大，则对关键性人力资本所构成的威胁也就越大。

因此，以保护关键性人力资本为专业服务业企业治理目标时，重点应该更多地关注 Λ_k与 ci 两项指标。设法降低人力资本投资成本和降低企业关键性人力资本的“失窃率”。

四、小结

企业治理目标的研究需要回归至企业的本质。不管是“股东至上”论或是“利益相关者至上”论，还是“企业家至上”论，学者们的观点并不存在绝对的对立和冲突，也不存在孰优孰劣的问题。不同本质的企业有着不同的企业特性，不同特性的企业有着不同的治理目标。遵循“由人力资本组成的关键性资源进行权力交易的黏性组织”的企业本质，专业服务业企业的治理目标更为准确的表述应该是为“关键性人力资本的利益服务”。

由于关键性人力资本的所有者和掌握者在大多数情况下并非单一主体，在他们进行权力交易的过程中，企业关键性人力资本所有者和掌握者也会不断变化。为保障企业的关键性人力资本的安全，维护其完整性；并激励员工提供恰当的人力资本投资，为企业创造价值，就成为专业服务业企业治理目标的具体内容。

通过模型分析得出，为实现专业服务业企业激励员工进行人力资本投资的治理目标，企业家可以在无需牺牲较大的剩余索取权的情况下，仅通过进入权授予便能够激励员工进行人力资本投资；甚至员工可能进行“过渡的”人力资本投资。因为现实中专业服务业企业的人力资本水平往往还会有一定的外部效应，例如较高的人力资本往往显示出企业所提供服务的较高质量，进而带来一定的声誉效应。而要实现保护关键性人力资本的企业治理目标时，重点应该更多地关注人力资本投资的成本和企业关键性人力资本的“失窃率”。

第五章 专业服务业企业治理机制

企业的治理机制可以看作是实现企业治理目标的制度安排、运行机理、途径与方式（钱颖一，1995；Williamson，2001；陈文浩，2006）。基于对企业治理目标的不同理解，学者们提出了多种不同的企业治理机制。在不同的治理机制间存在重要的关联关系，甚至可以相互替代（Rediker 和 Seth，2003）。并且，通过对不同企业治理机制的研究，考察各种机制的单个效应及其联合效应，可以得到不同的结果（Kosnic，1987；Hill 和 Snell，1988；Singh 和 Harianto，1989）。特别是以专业服务业企业为代表的现代企业逐渐涉及一些无法界定和证实的行为，传统的企业治理机制对此无法给予解释，需要改进（Tirole，2001；Blair 和 Stout，2001）。基于专业服务业企业是由人力资本组成的关键性资源进行权力交易的黏性组织；其治理目标是为“关键性人力资本的利益服务”。建立怎样的治理机制来保障企业的关键性人力资本的安全，维护其完整性；并激励员工提供恰当的人力资本投资，为企业创造价值。这将是本章所要开展的工作。

一、专业服务业企业治理机制的新思考

目前被公认的企业治理机制主要包括 5 个方面。第一是将企业所有权和控制权部分集中到少数大投资者；第二，敌意接管和委托投票权竞争；第三，将控制权委托给董事会和集中到它身上；第四，通过报酬合约实现管理者和投资者激励相容；第五，明确企业 CEO 受托人责任，并辅之以集团诉讼。除此之外，产品市场竞争也被认为是一种有效地约束管理者的方式（Baker，Jensen 和 Murphy，1988）。尽管上述治理机制可能会导致少数股东和管理者合谋共同侵害小股东利益，并在一定程度上降低证券市场流动性。但如果为了保护小股东，对大股东行为进行干预和管制，则又会滋长管理者滥用职权的自由度和范围。正如本书第四章所论述，对于关键性资源为物质资本的企业，其治理目标是服务于股东和投资者的利益，即“股东利益

至上”，上述机制应当具有其治理效应。

而专业服务业企业则不同，它们的关键性资源为人力资本，其治理目标为关键性人力资本服务，物质资本在企业发展过程中作用较小。对于人力资本，Arrow（1962）、Teece（1987）指出人力资本的特性决定了其产生、转移及其评价的复杂性。与物质资本不同，人力资本存在于人的大脑中，附属于人，因此个人拥有人力资本，而个人是不能作为资本确定其所有权进而有效转移的。人力资本的产生积累有赖于人力资本投资，而投资过程往往是不可证实（双方或第三方）的，进而是不可缔约的。此外人力资本的评价标准难以界定，人力资本的有效与否往往会在提供产品和服务的过程中体现出来，企业对此往往处于不对称信息的劣势状态。上述企业治理机制必将面临诸多挑战，不再像治理关键性资源为物质资本的企业一样奏效。因此对于专业服务业企业需要探究其新的有效的治理机制。

Maister（1993）指出专业服务的两方面构成了专业服务业企业治理的挑战：首先是专业服务高度的客户定制性；其次是专业服务需要员工与客户面对面互动。前者体现了专业服务要求员工不断进行学习和提升自己的能力，即人力资本投资，而人力资本投资决定了员工能力，进一步决定了专业服务业企业所提供服务的质量和专业服务业企业的利润。后者员工在提供服务的过程中，要与客户面对面地交谈，这就容易导致敲竹杠（hold-up）、道德风险等不利于专业服务业企业发展的行为。因此，建立怎样的治理机制来保障企业的关键性人力资本的安全，维护其完整性；并激励员工提供恰当的人力资本投资，为企业创造价值是专业服务业企业治理机制所要解决的关键问题。

尽管价值创造是一切企业的核心目标（宁向东，2005），但对于企业所有者以及企业员工来说，价值的分配也是企业一个非常重要的环节；并且创造价值的资源应该参与价值分配（Asher 和 Mahoney，2005）。企业价值主要通过企业利润的形式体现，因此企业利润分配机制直接影响到他们的积极性，并能影响企业治理目标的实现。在专业服务业企业中，人力资本已成为了企业的关键性资源，在与企业薪酬谈判中的话语权也不断增强。关键性的人力资本已不仅仅满足于获取劳动市场上的均衡工资，更希望能分享到他们为企业创造的价值，参与企业利润分成（陈和，2009）。因此，建立利润分成机制，让关键性的人力资本参与企业价值的分配，对于激励人力资本投资至关重要。

在专业服务业企业中，一个新入职的员工通过一定时间的努力工作，在不同阶段如果业绩出色，都有晋升的机会，甚至有可能成为企业高管或合伙人，进入企业的核心层。让那些不断增加其专业化和专用化投资，并不断贡献共有人力资本的员工有可能得到晋升，也意味着能更加接近企业的关键性资源，能有更多地受培训和受教导的机会，更意味着其获取使用关键性资源或与关键性资源一起工作的权力，同时也达到了企业能够留住企业内共有的人力资本的目的；而走人则是解雇那些没有贡献或者很少贡献共有人力资本的员工，或者让他们主动离职，这也就相当于剥夺了他们对企业关键性资源的进入权，避免企业内的核心资源被非关键性人力资本所窃取。因此，通过建立晋升或走人机制，防范员工在客户服务过程中的敲竹杠、道德风险等行为，保障企业关键性人力资本的安全，维护其完整性，也是一种有效的治理机制。

总之，人力资本的不可缔约性决定了人力资本投资和评价是专业服务业企业治理的关键挑战和目标；能否保障企业关键性人力资本的安全，维护其完整性，有效防范员工在客户服务过程中的敲竹杠、道德风险等行为；且能否激励员工提供恰当的人力资本投资，为企业创造价值，关系到专业服务业企业治理目标的成功与否。下面将以专业服务业企业的本质特性和人力资本特性为出发点，根据 Rajan and Zingales（1998）建立的进入权理论，探讨利润分成、晋升或走人两种相关企业治理机制，以解决专业服务业企业治理过程中的问题。

二、利润分成治理机制

利润分成治理机制适于从员工中选择合伙人或者企业高管，并共享企业剩余，以激励人力资本投资的企业。本节讨论利润分成制，通过与工薪制做比较，得出利润分成制能够有效地提高专业服务业企业的服务质量。本节与 Levin and Tadelis（2005）相关，但后者是客户在企业员工质量信息处于劣势的情况。而本节将研究在员工投资水平难以检测的情况下，或者说企业对员工的人力资本和服务质量处于信息劣势的情况下，相比于工薪制，利润分成倾向于保守地选择合伙人，进而提高专业服务业企业服务质量的问题。利润分成制一定程度上解决了人力资本的难测性问题，即企业信息劣势的问题。本节还指出，利润分成制实际上源自于进入权理论：利润分成制给予员工进入企业关键性资源的权力，进而享有企业剩余。利润分成制同样存在企业内部的剩余价值分配，但相比于进入权理论的激励作用，利润分成制强调员工的选择以提高企业服务质量为目的。

（一）基本模型

企业在 0 时点雇用了若干员工，员工在 0 时点到 1 时点间进行人力资本投资。企业在 1 时点选择部分员工成为合伙人，并在 1 时点到 2 时点间向客户提供服务，实现产出并分享剩余。

假定若干员工人力资本投资水平 i 满足在 $[\underline{i},\overline{i}]$ 区间上的分布 $F(\cdot)$，该分布密度为 $f(\cdot)$，且为正。每个员工都有一个固定的工资 ω 的机会成本，且与其投资水平无关。假如给定了一个员工集合 I 的投资水平，那么在客户看来企业的质量等于集合中员工投资水平的平均值，即：$q(I)=\frac{1}{|I|}\int_{i\in I}(i)di$。提供服务需要一定的固定资本 K。假定客户对企业员工所提供服务的支付为 $p(I)=q(I)$。

客户在接受服务的过程中，对于企业的质量和员工的投资水平有清晰地理解，而企业对员工的投资水平可能难以检测，因为无法避免员工的道德风险和机会主义行为，因而企业处于信息劣势。企业的收益取决于企业的选择和员工投资水平的真实程度。假定企业预期和员工真正投资提高质量相符合的概率是 η，那么企业认为员工隐藏投资（投资水平集合为 I^e）的概率为 $1-\eta$。η 越高，说明员工投资和企业预期越接近，相反则显示雇佣市场的低效率。

在选定了合伙人后，企业面临一个预期的客户支付：

$$\eta p(I)+(1-\eta)p(I^e) \tag{1}$$

在此采用进入权理论中所常用的企业利润计算方式，利润等于收益减去机会成本：

$$\prod(I)=\int_{i\in I}(i-\omega)f(i)di-K \tag{2}$$

可见，当 $i\geqslant\omega$ 时选择所有投资水平集合内的员工使得经济利润最大化。令 $I^*=[\omega,\overline{i}]$。我们将分别考察工薪制和利润分成制的完美贝叶斯均衡（Perfect Bayesian Equilibrium, 缩写为 PBE），然后进行比较，阐明企业组织形式的选择策略。

（二）工薪制均衡

工薪制的雇用选择在于最大化预期的利润。客户支付的水平随着员工投资水平的增加而增加，工薪制偏向于雇用那些投资水平较高的员工。所以企业最优策略在于选取一个投资水平的阈值 i，并雇用投资水平在 i 以上的员工。

假定该阈值为 i，员工数量为 $1-F(i)$，则企业质量为：

$$q(i)=\frac{1}{1-F(i)}\int_{i}^{i}if(i)di \tag{3}$$

给定企业预期员工隐藏投资水平的阈值水平为i^e，企业雇佣员工使得预期利润最大化：

$$\pi(I)=[1-F(i)][\eta p(i)+(1-\eta)p(i^e)-\omega]-K \tag{4}$$

最优选择的一阶条件是使得 i 满足：

$$\eta p(i)+(1-\eta)p(i^e)=\omega \tag{5}$$

也就是说一个专业服务业企业的最优选择是某个员工的投资水平的边际生产力恰好等于工资ω，由于边际生产力是递减的，所以该选择是最优且唯一的。在 PBE 下企业将会正确预期员工投资水平分布，$p(i)=p(i^e)$。结合最优化我们可以得到企业的最优唯一的雇佣策略是阈值 i^c 满足：

$$\eta p(i)+(1-\eta)p(i^e)=\omega \tag{6}$$

企业对员工的投资水平判断，在此我们称之为企业的信息劣势程度，它将决定工薪制企业的均衡雇佣状态。当企业拥有完全信息时，$\eta=1$，最优化意味着企业最优雇佣的投资水平集合为 $I^c=I^*=[\omega,\bar{i}]$。只要企业信息存在劣势，那么企业将会雇用员工投资水平阈值 $i^c<\omega$的员工，从而导致企业的低质量。

企业的均衡利润将会是：

$$\prod(i^c)=\int_{i^c}^{i}(i-\omega)f(i)di-K>0 \tag{7}$$

当然企业存在经营必须满足均衡利润大于 0。

（三）利润分成制均衡

我们定义利润分成制将企业剩余均匀地分配给进入企业关键性资源的进入者。给定上述条件，每个进入者所得到的份额是：

$$s(I,I^e)=\eta p(i)+(1-\eta)p(i^e)-K/|I| \tag{8}$$

上式中，第一项代表每个进入者的支付，后一项代表资本成本在他们之间的平摊。

给定了企业信息后，企业收益将会随着企业质量的下降而下降。企业可以选择利润分成制来确定企业关键性资源进入者的投资水平阈值，也可以用工薪制来雇用。工薪制的均衡前面已经解出，在此我们延续采用 Ward(1958)对利润分成制的解释中提及的“企业利润分成者只会选择或提升那些能够给他们的平均收益份额带来增加的新的员工”，利润分成制均衡要求参与者的平均份额大于机会成本，即 $s(I,I^e)\geqslant\omega$。

因此给定企业信息程度，均衡的利润分成制即要：

$$\mathrm{Max}\ s(I,I^e)=\eta p(i)+(1-\eta)p(i^e)-\mathrm{K}/|I| \tag{9}$$

求最优的一阶条件可得：

$$\eta p(i)+(1-\eta)p(i^e)-\mathrm{K}/|I|=\eta i+(1-\eta)p(i^e) \tag{10}$$

也就是说企业利润分成者将会选择投资水平阈值使得该水平下员工的边际生产力等于他们的平均份额。该均衡下利润分成制最优的企业利润分成者投资水平阈值为i^p，满足：

$$\eta i^p+(1-\eta)p(i^p)=p(i^p)-\mathrm{K}/[1-F(i^p)] \tag{11}$$

企业的均衡利润将会是：

$$\prod(i^p)=[1-F(i^p)][s(i^p)-\omega]\geqslant 0 \tag{12}$$

当然企业存在经营必须满足均衡利润大于 0。

（四）比较分析

首先我们比较工薪制和利润分成制员工的选择策略。

命题 1：对于任何$\eta\in[0,1]$，工薪制和利润分成制能获得正利润的情况下，工薪制的最优选择对应的投资水平阈值小于利润分成制。

命题 1 证明：利润分成制只有在以下条件成立时，才降低投资水平阈值。

$$\eta i+(1+\eta)p(i)=\eta p(i)+(1-\eta)p(i)-\mathrm{K}/[1-F(i)] \tag{13}$$

如果上式成立，且有$s(i,i^e)\geqslant\omega$，则必须要求：$\eta i+(1+\eta)p(i)\geqslant\omega$，因此工薪制也会降低投资水平阈值。所以企业将会选取一个更低的投资水平阈值。

综上所述，工薪制的最优选择对应的投资水平阈值小于利润分成制。

本结论与 Ward（1958）结论相符，相比工薪制，利润分成制在选择利润分成参与者方面倾向于更加保守，只有当新利润分成者能够增加原有者的收益份额时才会获准加入。

命题 2：存在一个$\hat{\eta}\in[\underline{0},1]$，使得当$\eta\in[\underline{\eta},\hat{\eta}]$，企业选择利润分成制将会大于选择工薪制所得利润；相反当$\eta\in[\hat{\eta},1]$企业倾向于选择工薪制。

命题 2 证明：根据利润的定义，对于任何 $\eta\in[\underline{i},\bar{i}]$，公式（14）成立。即，对于任意给定的$i$，假如$\prod(i)$是正的，那么利润分成制均衡式子(二)的右侧大于工薪制均衡式子的右侧，相反当$\prod(i)$是负的，式子(二)的右侧小于式子(一)的右侧。同时两个式子的左侧相同，且关于 i 递增。由此可得公式（15）：

$$\begin{cases}\prod(i)>0 \Longleftrightarrow p(i)-\dfrac{K}{1-F(i)}>\omega,\\ \prod(i)=0 \Longleftrightarrow p(i)-\dfrac{K}{1-F(i)}=\omega,\\ \prod(i)<0 \Longleftrightarrow p(i)-\dfrac{K}{1-F(i)}<\omega.\end{cases} \tag{14}$$

$$\begin{cases}\prod(i^p)>0 \Longleftrightarrow i^p>i^c,\\ \prod(i^p)>0 \Longleftrightarrow i^p>i^c,\\ \prod(i^p)<0 \Longleftrightarrow i^p<i^c.\end{cases} \quad \begin{cases}\prod(i^c)>0 \Longleftrightarrow i^p>i^c\\ \prod(i^c)>0 \Longleftrightarrow i^p>i^c\\ \prod(i^c)<0 \Longleftrightarrow i^p<i^c\end{cases} \tag{15}$$

可以看出，对于任意给定 η，$\prod(i^p)$ 与 $\prod(i^c)$ 符号相同，也就是说只有工薪制均衡取得利润，利润分成制均衡才会取得正利润。考虑工薪制均衡可知：假如 $\eta=1$，$i^c=I^*$，因为 $\prod(i^*)>0$，所以 $\prod(i^c)>0$；假如 $\eta=0$，$i^c=\underline{i}$，而 $\prod(\underline{i})>0$，所以 $\prod(i^c)<0$；因为 i^c 关于 η 严格递增，$\prod(i^c)$ 关于 i^c 在 $[\underline{i}, i^*]$ 区间内严格递增，所以必然存在 $\underline{\eta}\in[0,1]$，对于任何 $\eta\in[\underline{\eta},1]$ 满足工薪制能够取得正利润并正常运行。

本结论说明相比于工薪制，利润分成合伙制更适于人力资本投资水平难以评价和员工存在道德风险行为的情况，即企业劣势的情况。通过提高投资水平阈值，提高企业质量，从而提高企业的收益。这与现实中专业服务业企业的选择相符。

（五）讨论与结论

首先，利润分成制是进入权理论的延伸。利润分成制实际上是授予员工接触、进入专业服务业企业关键性资源层面，进而实行专业自治和分享企业剩余的进入权机制。进入权中的剩余分配权通过讨价还价完成，而利润分成制中合伙人共享企业剩余。

其次，进入权理论和利润分成制都在一定程度上解决了专业服务业企业员工人力资本投资的问题。

进入权理论在一定条件下，能够有效激励员工进行人力资本投资；而利润分成制通过专业服务业企业对员工投资水平的阈值选择，激励员工投资升级。

三、晋升或走人治理机制

专业服务业企业通过设定让员工持有期权的激励策略方式绑定员工；通过教导、培训、发展员工，提升期权价值；通过绩效、声誉等信号检测定期评估期权价值，最终期权的执行或放弃代表着员工的晋升或走人（Fama，1980）。其中，教导、绑定和声誉是晋升或走人治理机制非常重要的三大要素。本节参考 Morrison 和 Wilhelm（2004）所建立的数理模型，重点探讨由教导机制、绑定机制和声誉机制三大子机制所组成的晋升或走人治理机制在防范员工在客户服务过程中的敲竹杠、道德风险等行为，保障企业关键性人力资本的安全，维护其完整性等方面的运行和均衡。

（一）晋升或走人机制三大要素：教导、绑定和声誉

1. 教导

专业服务业企业所提供的专业服务通常具有意会性（Michael Polanyi，1966）。也就是说，这些专业服务在一定程度上是不可复制的。而更进一步，仅仅通过员工单方面的学习可能很难真正获得专业服务的人力资本，无法有效提升员工的专业服务能力。在进入权理论和利润分成制中我们仅仅指出员工通过自我学习的过程获得专业服务知识，但在现实中，诸多大型专业服务业企业非常注重对新员工业务能力的培训和教导，尽管这些培训和教导花销甚多。

培训过程中，熟练员工可以通过教导非熟练员工，在助增其人力资本的同时，使意会资本得以保存和流传。在完全信息下，非熟练员工愿意准备借贷以支付教导，并以预期收入偿还。但是通常情况下，我们假定教导对熟练员工来说是要付出成本的，而他们的努力具有不可观察性，因而教导是不可缔约的。在团队生产中问题将更加严重：个人在同辈之间的教导努力程度上采取搭便车行为。个人倾向于接受教导，而不愿意教导下一代，仅仅享受自己的人力资本产出收益。总之，每个员工准备用致力于下一代员工的教导来换取今天的教导，但是他事后却不情愿如此。尽管教导对于意会性的专业服务人力资本的培养和留存是至关重要的，但是由于教导内在的不可缔约性和搭便车行为，导致教导效率损失。

2. 绑定

进入权理论中我们假设企业家能够有效掌控客户资源，而现实中专业服务业企业的企业家往往不能监控和防范员工在与客户接触提供服务的过程中达成合谋。换

句话说，专业服务业企业无法避免员工的敲竹杠和道德风险行为（Holmstrom, Bengt，1982）。这些行为中最集中、最突出的表现为员工可以自立门户并带走客户。一旦发生这种行为，员工的讨价还价能力增强，谈判关系或者在企业主无法接受的情况下破裂；即使谈判成功，企业主的剩余分配将会大大地缩减。

如何避免员工在客户服务过程中的敲竹杠、道德风险等行为，专业服务业企业治理，在实施激励机制和教导机制的同时，必然辅之以约束机制，在此我们称之为绑定机制。最为常见的形式是通过与员工签订附有固定、长期条款，而过早退出将会面临极大处罚的期权合约。对于未能履约的员工，企业高管或者合伙人将会被所在企业起诉而赔付损失的潜在收益，并受制于无竞争原则而不能从事相关专业服务工作。在美国，如高盛规定，离职员工离职第一年出售其自有期权累积资本的额度限定在 20%~50%之间，剩余的可在离职 5 年内卖出；并且企业管理委员会保留有延长支付期限的权利（Wilhelm 和 Downing，2007）。

3. 声誉

在本书的第三章专业服务业企业的特征中，我们曾谈到专业服务业企业对声誉的依赖程度明显增强。由于专业服务业企业的关键性资源是人力资本，其提供的服务大多是具有意会性的无形服务，这些服务通常蕴含较高的专业知识和技能，大量融入专家们的甄别和个人判断，并且需要高度定制化以及客户的高度参与和交流。在此背景下，客户需要借助声誉来间接、先验地判断企业产品质量。因此，专业服务业企业所提供的服务中，信誉性品质占主导地位。良好的声誉对于专业服务业企业至关重要。同时，企业声誉的建立往往是一个漫长而复杂的过程，但声誉的丧失却是一瞬间的。而对于专业服务业企业，一旦企业声誉丧失，其价值将是零，企业破产在所难免。

企业声誉是个人声誉的集合（Tirole，1996），个人声誉属于人力资本，是一种不可交易、不可替代也不能编纂的资产。对于专业服务业企业而言，即使没有企业内部的激励，员工们出于对今后职业前途及外部市场的压力（即声誉）的考虑，也会努力工作（Fama，1980）。声誉效应能够作为一种约束或激励机制保证专业服务业企业提高质量，从而拓展市场空间。声誉机制作为约束和激励，促使专业服务业企业保持较高的专业服务质量，保证教导机制和绑定机制的顺利实施，从而达到晋升或走人治理机制均衡。

（二）模型构建

根据教导、绑定和声誉三大要素，我们考虑建立一个无限存活的企业离散时间期权模型，模型中每个员工拥有两期职业生涯：新员工和熟练技能员工，新员工通过接受熟练技能员工的教导，并与之一块工作，最终提高人力资本成为熟练技能员工，并成为企业的关键性资源。本书假设学习没有成本，而教导是有成本的。

非熟练技能员工（也即新员工）的产出为 ω_L，熟练技能员工的产出为 ω_H，并且 $\omega_H > \omega_L + \Delta\omega > \omega_L$。任何一个员工可以在一个竞争性的劳动力市场出售自己的劳动力，在不完全信息下，企业通过雇用才能了解发现员工的类型。假定所有的员工都是风险中性的，并且每期的无风险利率为 r。

博弈时序(如图 5–1)：

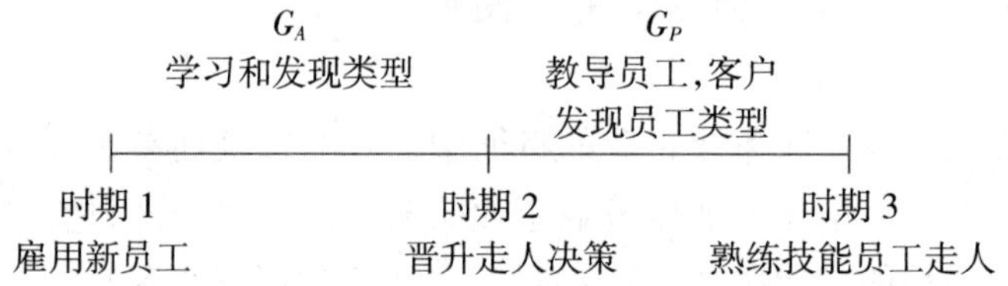

图 5–1 博弈时序

每期均有两代员工：新员工和熟练技能员工，分别用 G_A、G_P 表示。

在时期 1，存在 N 个熟练技能员工并雇用 N 个新员工，每个员工起初均没有人力资本(是非熟练技能）和个人财富。第一期工资支付为 ω_A，之后员工接受教导并到时期 2 获得人力资本（是熟练技能的)。

在时期 2，每个员工了解了自己的类型，企业家对此也有一个把握，但是外界只能通过时期 2 的晋升与走人决策来推导员工的类型。一些员工成为熟练技能员工，选择接受晋升合同并留在企业，而其他的走人。

绑定机制体现在晋升合同之中：新进成为熟练技能的员工均分得到企业的股份，原有熟练技能员工走人后只能将其股份出售给新进成为熟练技能的员工或企业家。而这些股份是不可流动的，尽管可以提早退出，但是退出条款由企业家和熟练技能员工共同决定，退出成本往往非常高。也就是说该股份转移机制构成了对新进熟练技能员工的绑定。此外，新进熟练技能员工被授予股份后，该绑定又同时激励其通过自己的勤奋工作使得股份价值提升，进而获取较高的股息分成。

接下来在第二期，新进熟练技能员工在服务客户的同时还要教导新员工。每个

员工愿意借贷以支付未来的教导成本。假设教导是社会最优的选择，教导成本为 c，并获取工资补贴 ω_P，即

$$c < \frac{\Delta\omega}{1+r} \tag{1}$$

由于客户事前无法获悉专业服务业企业员工的类型，且通常是事前签订合同，事后给付费用。通过服务过程中的接触互动，客户对员工的类型有所了解，而这些观察和信息反馈将会大大影响专业服务业企业未来的协议。因为这些信息会渗透到其他的潜在客户，并影响他们的支付意愿①，从而影响专业服务业企业盈利空间和价值。假定客户事前支付意愿为 ω_C，声誉机制可描述为：

$$\omega_C = \begin{cases} \omega_H, & \text{所有员工均为熟练技能的；} \\ \omega_L, & \text{至少有 1 个员工为非熟练技能的。} \end{cases} \tag{2}$$

从（2）式可见，专业服务业企业声誉尤其重要。当提供服务的所有员工均为熟练技能时，专业服务业企业被认定为可信企业，获取超额收益，否则将被定性为不可信企业，客户支付意愿将下降到 ω_L，导致企业价值为零。

在时期 3，客户知悉员工类型，专业服务业企业也了解了新晋升的熟练技能员工的类型。原有熟练技能员工走人，出售股份并获取分成。

（三）模型均衡求解

1. 问题

首先，在时期 2，非熟练技能的员工可能选择接受晋升合同，成为熟练技能员工，从而降低员工的专业服务水平，并最终造成企业的声誉受损，成为不可信企业。此时专业服务业企业价值为零。因为一旦被认定为不可信企业后，客户的支付意愿、所有员工的下期收入将变为 $\omega_C = \omega_L$，而在竞争性的市场上，熟练技能的员工将会获得至少大于 ω_L 的收入，因此会选择离开。最后专业服务业企业员工全为非熟练技能的，在向熟练技能员工支付所有收入均为 ω_L 时，企业价值为零，股份价值也为零。

其次，教导机制的成功与否决定着专业服务业企业员工的类型（专业服务质量水平），一旦教导不成功，非熟练技能的员工进入熟练技能员工队伍，直接导致企业损失声誉变为不可信企业。但是教导本身是不可缔约的，可能存在教导的搭便车行为。真正发挥教导作用必然需要有效激励。

①客户的支付意愿等于其对专业服务业企业员工专业服务质量、人力资本的预期。

2. 均衡定义

当新熟练技能员工接受的股份价格为 P，员工一期工资为 ω_A，教导工资补贴为 ω_P 时，在声誉机制下，存在以下条件使得企业的晋升或走人机制达到均衡：

条件 1：新员工愿意加入企业；

条件 2：熟练技能员工愿意进入熟练技能员工队伍；

条件 3：非熟练技能员工不愿意加入熟练技能员工队伍；

条件 4：新进熟练技能员工选择去教导新员工。

该均衡实际上是在声誉、绑定和教导机制下达到晋升或走人治理机制的良性代际循环，人力资本得以代际传播和转移，专业服务业企业得以保持为可信企业。教导机制能够显著提升专业服务业企业员工专业服务人力资本，提高专业服务水平，通过绑定，能够有效防止敲竹杠和道德风险现象的发生，筛选并留住优秀员工；声誉机制作为约束和激励，促使专业服务业企业保持较高的专业服务质量，保证教导机制和绑定机制的运作，从而达到晋升或走人治理机制的顺利实施，保障企业关键性人力资本的安全，维护其完整性。

3. 均衡的存在性

第一，新员工工资。均衡路径下，员工通过第一期接受教导提高人力资本，并在第二期选择加入熟练技能员工队伍同时参与教导新员工，付出教导成本 c，第二期将获得工资和相应股份分成，包含新员工和自己的边际产出，扣减对员工第一期工资的支付，即 $\omega_H+\omega_L-\omega_A-\mathrm{c}$；而当员工选择不加入熟练技能员工队伍而离开时，其外部选择权将是获得两期的 ω_L 工资[①]。因此要使员工的工资满足条件1，要求（3）式成立：

$$\omega_A+\frac{\omega_H+\omega_L-\omega_A-\mathrm{c}}{1+r}\geqslant\omega_A\frac{2+r}{1+r} \tag{3}$$

求解得：

$$\omega_A\geqslant\omega_L-\frac{\Delta\omega-\mathrm{c}}{r}$$

前文假设员工生来没有财富，故可假定 $\omega_A\geqslant0$；再假定 $\omega_L<c$，结合式（1）可知，$\omega_L<\frac{\Delta\omega-c}{r}$，所以只要 ω_A 非负便能保证条件 1 成立，满足：

$$\omega_A=0 \tag{4}$$

①被外部竞争性市场认定为是非熟练技术的，边际产出为 ω_L.

即可保证员工愿意加入企业。

第二，绑定机制——股份价格 P①。晋升或走人机制通过股份的非流通性来绑定熟练技能员工，股份价格将决定着熟练技能员工的收入和分成。在讨论晋升决策前有必要先求解股份价格。在均衡路径下，专业服务业企业保持为可信企业。在每期结束时，企业的股东都会对所有员工的产出扣除支付后进行分成，企业股份价格为：

$$P = P_{TR} = \omega_H + \omega_L - \omega_A - \omega_P = \omega_H + \omega_L - \omega_P \tag{5}$$

第三，声誉机制下员工的晋升决策。首先，要使得条件 2 成立，即熟练技能员工愿意进入熟练技能员工队伍；熟练技能的员工选择加入则第二期获得收益为 $\omega_H + \omega_L - c$，否则离开被外界认定为非熟练技能的而获得 ω_L，因此要满足条件 2，只需：

$$c < \omega_H \tag{6}$$

其次，要避免第一个问题，即要使得条件 3 成立，令非熟练技能员工不愿意加入熟练技能员工队伍；一旦非熟练技能员工选择加入熟练技能员工队伍，便会预期到专业服务业企业将会变为不可信企业，最终其持有股份价值为零，而其获得股份的借贷额要归还。在客户未能了解其类型前，支付意愿为 ω_H，故非熟练技能的第二期收益为 $\omega_H + \omega_L$。非熟练技能员工选择离开时，同样获得外部选择权工资 ω_L。因此只有当两种情况下的现金流满足下式时，非熟练技能员工才会选择加入熟练技能员工队伍。

$$\omega_H + \omega_L - P(1+r) \geqslant \omega_L$$

解得

$$P \leqslant \frac{\omega_H}{1+r} = P_{UTR} \tag{7}$$

显然 $P_{UTR} < P = \omega_H + \omega_L - \omega_P$，熟练技能员工不会接受低于 P 的价格，因此非熟练技能员工不会加入熟练技能员工队伍，条件 3 成立。

第四，教导决策。假定只有一个熟练技能员工偷懒没有教导且行为不可观察，而其他 $N-1$ 个熟练技能员工选择了教导。此时企业家会选择晋升 $N-1$ 个熟练技能员工，那么对应每个熟练技能员工第二期的分成将会减少 $P_{TR} - P_{TR}(N-1)/N = P_{TR}/N$，而逃避教导能够节省第一期的教导成本 c。因此要满足条件 4，使得熟练技能员工选择去教导新员工，则要求：

---

①假定企业股份价格等于企业价值。由于每个员工生来没有财富，而要选择晋升必须接受退休合伙人的股份，新合伙人只能通过借贷来支付相应获得的股份价格，因此股份价格的大小将影响员工的晋升决策。具体借贷方式不再探讨。

$$N \leqslant P_{TR}/c(1+r) \tag{8}$$

由式（8）可知，企业熟练技能员工存在上限，以排除教导的搭便车行为。结果显示当均衡时专业服务业企业规模越大，则相对于教导成本，企业保持可信性的声誉的现值也就越大。因此可见大型专业服务业企业尤其注重员工的教导、培训。

由上述均衡存在性分析可知：如果式（6）和式（8）均成立，在绑定机制、声誉机制下，第一期工资为 $\omega_A=0$，教导能够有效实施，便可达到晋升或走人机制均衡，即形成人力资本代际传播转移的良性循环。

（四）结论和分析

通过基于期权的模型，初步认识了晋升或走人治理机制。可以说该机制融合了进入权理论和利润分成制：晋升决策导致新员工经过一定时期的教导和培训之后被授予进入熟练技能员工队伍，并参与企业价值分享的权力。而其与进入权理论和利润分成制最大的不同体现于针对专业服务人力资本的特殊性，专业服务业企业在该机制中更具有主动性、现实性。不同于进入权理论和利润分成制，该机制强调只有有效地教导才能提高员工人力资本，专业服务业企业通过设计晋升合同有效绑定优秀员工，利用企业声誉机制约束和激励员工，形成人力资本代际传播转移的良性循环，建立并保持企业声誉。

四、小结

基于专业服务业企业是由人力资本组成的关键性资源进行权力交易的黏性组织；其治理目标是为“关键性人力资本的利益服务”。专业服务业企业中，人力资本凭借其专用性投资重要性地不断攀升，在与企业薪酬谈判中的话语权也不断增强。人力资本的不可缔约性决定了人力资本投资和评价是专业服务业企业治理的关键挑战和目标；能否保障企业关键性人力资本的安全，维护其完整性，有效防范员工在客户服务过程中的敲竹杠、道德风险等行为；且能否激励员工提供恰当的人力资本投资，为企业创造价值，关系到专业服务业企业治理目标的成功与否。

由于人力资本成为了企业的关键性资源，专业服务业企业中的关键性人力资本已不再满足于获取劳动力市场上的均衡工资，更希望参与企业的利润分成。通过建立利润分成的治理机制授予员工接触、进入专业服务业企业关键性资源层面，进而实行专业自治和分享企业剩余的进入权；通过专业服务业企业对员工投资水平的阈值选择，激励员工投资升级，在一定程度上解决了专业服务业企业员工人力资本投资的问题，并达到为企业创造价值的治理目标。

对于专业服务业企业的治理，除了利润分成机制之外，晋升或走人治理机制也是一种有效的治理机制。通过设定让员工持有期权的激励策略方式绑定员工；通过教导培训发展员工，提升期权价值；通过绩效、声誉等信号检测定期评估期权价值，最终期权的执行或放弃代表着员工的晋升或走人。该机制强调只有有效地教导才能提高员工人力资本，并通过设计晋升合同有效绑定熟练技能员工，利用企业声誉机制约束和激励员工，形成人力资本代际传播转移的良性循环，建立并保持企业的声誉。

第六章　专业服务业企业的治理模式[①]

企业的治理模式问题，其实质是企业的所有权配置状态问题。这始终是企业理论研究的重要话题（Jensen 和 Meckling，1976；Grossman 和 Hart，1986；Hart 和 Moore，1990），也是专业服务业企业治理问题研究的重要内容。学者们以公司制为基础，根据不同的治理特性，将公司治理划分为外部控制主导型、内部控制主导型和家族控制主导型（Jensen 和 Meckling，1976；Dow 和 Putterman，2000；Dow，2003；李维安，2005），或者划分为美英治理模式、日德治理模式和东亚家族治理模式 3 种（Hansmann，1996；Muller 和 Warneryd，2001；席西民和赵增耀，2004）。但依据美国统计局的标准，企业的治理模式（所有权形式 legal form）主要包括公司制、合伙制、个体经营及其他的企业治理模式[②]。其中，以公司制和合伙制占大部分。公司制企业本身具备法人资格，能够以自己的名义参加民事活动，是独立的民事主体，拥有独立的财产，能够独立承担民事责任，并以企业而非个人为其行为负有限责任；合伙制企业其本身不具备法人资格，合伙人对企业负无限责任。美国统计局 2007 年公布的 2002 年美国不同类别产业企业治理模式的统计数据显示[③]，在其他产业类别的企业中，公司制早已是企业最为普遍的治理模式，但与此同时，在专业服务业企业中，采用合伙制治理模式的企业仍占有相当大的比重（如表 6-1）。

---

①本章主要内容笔者以《专业服务业企业治理模式的实证研究——以美国 2003~2010 年前 100 强会计师事务所为例》为题撰写独立论文，并发表在《产经评论》2011 年第 2 期上。

②国内不同的《公司治理》教科书对公司治理模式有不同的划分标准。比较流行的有：李维安 2005 年主编的《公司治理学》将治理模式分为外部控制主导型、内部控制主导型和家族控制主导型 3 种；席西民和赵增耀主编的《公司治理》将治理模式分为美英治理模式、日德治理模式和东亚家族治理模式 3 种。但本文认为企业治理，其实质是企业的所有权配置状态问题。依据美国统计局的标准，企业的治理模式（所有权形式 legal form）除包括公司制、合伙制，还包括个体经营和其他。因为后两种治理模式在整个专业服务领域的比重并不是很大，因此本文不做深入研究。

③美国 Census Bereau 要到 2012 年才陆续公布完《2007 Economic Census Report》的相关数据，所以这里的数据只能更新到 2002 年，具体公布进度见附录 2。

在公司制发展如日中天的今天，合伙制的影子却仍然闪烁在专业服务业企业中间。那么，我们不禁要问，为何如此高比例的专业服务业企业会选择合伙制作为其治理模式？是什么因素决定了企业的选择？

表 6-1 2002 年美国不同类别产业企业治理模式结构对比①

部 门(编码)	产业的收入构成			
	公司制(%)	合伙制(%)	个人独资(%)	其他(%)
批发与贸易(42)	94.30	4.41	1.11	0.18
运输与仓储(48)	90.51	6.16	3.04	0.29
专业性、科学性与技术性服务(54)	74.89	20.18	4.88	0.05
法律服务(5411)	41.34	49.61	8.98	0.07
律师事务所(54111)	38.48	51.34	9.32	0.06
会计、税务等(5412)	54.25	40.08	5.44	0.23
CPA 事务所(541211)	34.28	60.19	5.47	0.06
管理、科学与技术咨询(5416)	76.98	22.32	N/A	N/A
管理咨询服务(54161)	77.47	20.70	1.55	0.18

资料来源 U.S. Census Bereau：2002 *Economic Census Report.*

从本书的第二章中，我们已经了解了学者们对合伙制与公司制两种治理模式优劣的研究状况，他们从相关理论出发，将影响企业选择公司制还是合伙制的原因，归结为组织规模、服务的标准化、员工异质性、资本需求和风险等主要因素（Van Lent，1999；Greenwood 和 Empson，2003；Garicano 和 Santos，2004；Empson 和 Chapman，2003，2006；Levin 和 Tadelis，2005；Von Nordenflycht，2006；Richter 和 Schroeder，2008），并研究了在不同的治理环境下，企业选择合伙制或公司制的适用条件，但缺乏相关的实证检验或研究的视角存在较大局限性。本章试图对上述问题进行实证研究。

一、理论与假说

以学者们的研究为基础，本章借鉴并完善 Hansmann（1996）、Dow 和 Putterman

①表 6-1 中并没有直接区分传统企业和专业服务业企业，而是按照《经济人口普查报告》(*Economic Census Report*)的产业划分标准，把批发与贸易、零售与贸易、运输与仓储和专业性、科学性与技术性服务行业进行对比分析。

(2000)、Dow (2003)、Empson 和 Chapman (2003, 2006) 等学者的观点和思想，摒弃其沿用内部所有权和外部所有权的研究视角和思路，以服务业务、资本需求、经营风险、组织规模、员工异质性等 5 个方面作为专业服务业企业治理模式影响因素；并遵循 Richter 和 Schroeder (2008)、陈和 (2009) 采用行业和企业数据做实证分析的方法，通过选取 2003~2010 年美国会计师事务所前 100 强的数据作为样本，以完善他们在实证研究中的不足。

(一) 服务业务

专业服务业企业提供的是具有高知识密集型的服务。但不同的专业服务内容其工作特性也存在较大区别。有些服务业务相对标准化，按照员工原有的工作经验或者依托企业过往的成功业绩，遵循一定的规范和流程就可以完成，员工更多的是训练有素的“执行者”，不需要有太多创新的努力和人力资本投资；而有些服务业务相对非标准化，要为客户量身定做，需要充分发挥员工的专业水平和主观能动性，员工是技术含量相对高的“发明家”。不同的专业服务业企业会根据其优势重点开展不同的服务业务。

当企业服务业务标准化时，企业所有者或者企业高管拥有足够的权力和权威来决策某项工作，员工更多的是担当执行者的角色，企业对其人力资本素质要求相对较低，他们在开展服务业务时，其信息更容易被企业掌握，也更容易被监督和控制 (Richter 和 Schroeder, 2008)。员工相对缺乏自主权，且其被替代性相对较强，因此，员工在企业利润分配中缺少议价能力。对人力资本投资的激励与保护也无需通过与员工过多分享企业利润的机制来实现。在这种情况下，企业所有者更倾向于采用公司制的治理模式。通过掌握企业更多股权，企业所有者便可获得更多利润。相反，如果专业服务业企业服务业务非标准化，需要高度定制化，并且具有较强技术性，需要融入员工们的仔细甄别和准确个人判断，这类服务业务的开展对员工素质要求相对较高，因此，员工们在企业中的替代性也相对较弱，议价能力相对较强。一旦缺少他们，企业的某些业务无法开展。通过正式的科层方式监督他们，成本会很高。通过合伙制的治理模式在人力资本相互监督方面具有效率优势 (Empson 和 Chapman, 2006)。更为重要的是，通过采取合伙制的治理模式更利于企业的稳定和发展。通过给予关键性人力资本合伙人身份，让他们能获得企业利润的分享权，从而激励和保护专用性的人力资本投资。基于以上分析，本书提出如下假设。

假设 1：若专业服务业企业的服务业务为标准化服务，企业趋向采用公司制治理

模式；反之，则采用合伙制治理模式。

(二) 资本需求

专业服务业企业提供的是高度定制化的服务，通常对资本的需求不高，不像在传统工业领域能以重复性任务和产品的标准化为基础（Greenwood 和 Empson，2003）。但随着业务量的快速增长，很多专业服务业企业为提高其运营效率开始大规模上马信息技术系统，对资本需求也逐渐增大；同时，为获得规模经济，许多专业服务业企业在不同地区和国家设立分支机构和办公室（Richter 和 Niewiem，2004）。这也意味着其对资金的需求也将快速增长。

但合伙制治理模式只能为企业提供两种融资渠道：企业内部融资及债权融资。在企业发展对资金需求超过合伙人的财富约束时，企业除了内部融资外，只能借助外部的债权融资。而以人力资本为主的专业服务业企业并不具备拥有足额有形资产做债券抵押的条件，从而合伙制专业服务业企业不易获得大规模债权融资。可见，当专业服务业企业面临较高的资金需求时，合伙制模式受到诸多限制。为了满足企业资金需求，此时专业服务业企业可能要放弃合伙制的治理模式，转向公司制治理模式。法律规定，公司制企业可以采取股权融资。专业服务业企业通过为外部投资者提供大量的企业经营信息，并借助相关的中介机构和政府提供的融资平台，将公司股权转让给外部投资者获得企业发展所需资金。公司制的治理模式具有融资方面的优势（Ritter 和 Welch，2002）。由此，本书提出如下假设。

假设 2：若专业服务业企业的资本需求较大，企业趋向采用公司制治理模式；反之，则采用合伙制治理模式。

(三) 经营风险

诉讼风险是专业服务业企业面临的主要经营风险（Greenwood 和 Empson，2003）。不管是有限责任合伙制还是无限责任合伙制，合伙制的企业治理模式要求合伙人在面临诉讼时，都要为自己或者整个企业的过错行为承担无限责任。在合伙制的情况下，企业合伙人或企业专业人员的错误行为可能导致企业动用全部资产仍不够清偿债务，合伙人必须用个人财富赔偿。合伙制无限责任的特性天然地限制了企业在高风险业务上的发展。出于无限责任的压力，合伙人为了规避风险，通常在开展业务时，倾向于选择诉讼风险较小的业务，尽量减少业务出现偏差。因为，企业经营风险越高，也就意味着合伙人或企业专业人员犯错误的机率越大。所以，合伙制企业通常会规避高风险的业务。

而公司制有限责任的特性恰恰弥补了合伙制的不足。它赋予企业所有者和企业员工更强的风险承受能力。企业以其全部资产对其债务承担无限责任，出资人和专业人员对个人执业行为造成的结果承担有限责任，企业内部人员之间不存在连带责任。尽管风险规避的行为方式有利于企业的稳定，可以避免合伙人因企业巨额赔偿而导致倾家荡产的情况发生，但其实，在规避风险的同时也意味着放弃了高额利润，这将不利于企业的发展壮大。因为，通常风险和收益是对等的，承揽高风险的业务一般可以获取超额回报。并且，从另一个角度看，能承担高风险业务的企业往往说明其实力较强，开展类似业务有利于提高企业竞争力，有利于提升企业的发展前景和空间。综上所述，本书提出如下假设。

假设3：若专业服务业企业的经营风险较高，企业趋向采用公司制治理模式；反之，则采用合伙制治理模式。

（四）组织规模

为保证专业服务业企业的产品质量和企业声誉，企业需要有效的激励者和监督者。企业若采用合伙制治理模式，合伙人将是激励者和监督者的合适人选。因为，作为合伙制专业服务业企业的合伙人，在企业中拥有利润分享权，有动力监督其他合伙人和员工，分享权也有利于减少合伙人与企业间的目标分歧，并具有较强的激励和监督作用；另外，专业服务业企业中的合伙人也具备相关素质有能力执行监督职能。但这种情况只适合处于发展初期或组织规模相对较小的企业，当专业服务业企业规模扩大到一定程度后，企业需要增加合伙人以实现有效治理，这样，合伙人数越多，他们参与分享利润的比重也就越低，激励的效果也将下降（Van Lent，1999）。相应地，企业规模扩大后，合伙人数也在增加，更多的合伙人选择搭便车行为，合伙人监督同事的动力随之不断下降，同事监督的难度却随之增加（Kandel 和 Lazear，1992），而监督同事的努力程度则随之减少（Richter 和 Schroeder，2008）。

此外，在决策方面，合伙制专业服务业企业规模扩大后，合伙人数也在增加，较多人参与决策，面对面协商不仅费时费力，而且难以取得一致的结果，这将导致企业决策效率的降低（Greenwood 和 Empson，2003；Richter 和 Schroeder，2008）。同时，利润分享制度是合伙制存在的基础（Levin 和 Tadelis，2005），随着企业规模的扩大，合伙人之间的能力差异也在扩大，人力资本效率与利润分享制度间的冲突也随之加剧（Farrell 和 Scotchmer，1988）。当合伙制与利润分享制度不能共存时，合伙制的优势也将不复存在。基于以上分析，本书提出如下假设。

假设 4：若专业服务业企业的组织规模较大，企业趋向采用公司制治理模式；反之，则采用合伙制治理模式。

（五）员工异质性

专业服务业企业的产品以专业性服务为主，高度定制化与客户接触是其主要特征（梅斯特，2009）。通常复杂的服务并非单个员工所能完成，而是根据业务的具体情况调派不同的专业人员，组成项目小组，依靠团队的力量来完成工作。这样，员工间交流与合作程度将有可能直接影响服务的质量与效率。与公司制相比，企业采用合伙制治理模式，企业内部的等级科层相对模糊和松散，员工之间存在更多的非正式交流机制，更能促进员工之间的交流与合作（Morris 和 Pinnington，1998a；Morrison 和 Wilhelm，2004）。特别是对于思想独立、意志坚决的专业人员来说，如果没有充分的交流、沟通与说服，很难保证服务质量和工作进度。但员工异质性程度会影响员工之间交流与合作的效果（Greenwood 和 Empson，2003）。

合伙制专业服务业企业中，如果员工异质性较低，他们能较容易达成一致，实现更多的交流与合作；如果员工异质性不断增大，在工作中遇到问题时，他们之间更容易产生误会与冲突，团队内部的交流、沟通与合作的频率和效率也将随之受到影响。当专业服务业企业内部的员工异质性不断增大，合伙制内在的非正式机制就越难发挥作用。公司制的优势在于科层控制，在员工的异质性增大的情况下，通过正式制度，企业可以保障员工之间的交流与合作。由以上分析，本书提出如下假设。

假设 5：若专业服务业企业员工的异质性较高，企业趋向采用公司制治理模式；反之，则采用合伙制治理模式。

二、研究设计

（一）样本选择与数据来源

本书选取美国会计师事务所作为研究样本。原因有二：第一，会计师事务所投入的主要是人力资本，提供的是具有高知识密集型的服务，并受到职业行为规范的约束，是最典型的专业服务业企业；第二，美国会计师事务所行业拥有上百年的历史，发展相对成熟，行业内的企业具备不同规模和成长阶段的各种典型特征。

本书数据主要来源于 EBSCO 数据库从 2003 年开始收录的美国《今日会计》

（*Accounting Today*）杂志披露的年度数据：从2003年至2010年共8年的相关数据。该杂志每年公布美国前100强会计师事务所的统计信息表，表中提供包括各事务所的排名升降情况、总部所在地、首席执行官的名字、年营业额及其变化率、事务所分支机构数、事务所合伙人数①以及注册会计师（professional）人数、企业总人数及其变化率、各业务收入构成比等信息。而其他的，诸如事务所经营的年限、服务业务分布的行业数以及事务所治理模式等研究所需的数据，则是笔者通过浏览相关事务所网页、《今日会计》和《公共会计报道》等美国会计类权威杂志所获取。

需要特别说明的是，《公共会计报道》也会每年披露美国会计师事务所的年度数据，本书所选用的数据来自《今日会计》而并非《公共会计报道》，其原因是《今日会计》的数据更为全面和完整，并且可信度更高；另外，本书研究所采用的样本数据不是截面数据，而是2003年至2010年连续8年进入《今日会计》前100强的会计师事务所的面板数据，这要求入选的企业在这8年中的研究数据都必须齐全。经筛选后，符合要求的有75家事务所的数据，共录得600个观测值。

（二）研究变量与模型

1. 研究变量

根据研究的需要，本书对相关研究变量做如下定义（如表6-2）。

表6-2 专业服务业企业治理模式选择研究变量定义表

	名称	符号	定义
被解释变量	治理模式	LEGAL_FORM	公司制与合伙制
解释变量	人力资本杠杆	LEVERAGE	企业注册会计师人数 / 企业合伙人数
	分支机构数	OFFICE	企业分支机构(办公室)的总数
	营业额变动程度	VOLATILITY	企业8年间营业额的方差
	行业分布	INDUSTRY	企业经营业务所覆盖行业数之和
	注册会计师人数	PROFESSIONAL	企业注册会计师人数
控制变量	企业年龄	AGE	企业从成立至今的经营年数

①这里需要对合伙人数这一指标加以说明。在公司制的会计师事务所中只有股东而没有合伙人的概念。但《今日会计》列出了公司制会计师事务所合伙人数这一指标。《今日会计》的这一处理方法是为了统计口径的前后一致。美国会计师事务所不允许公开上市，其股份只能为内部人所持有，从某种程度上看，内部股东与合伙人之间存在了一定的相似性。因此，《今日会计》列出公司制会计事务所的合伙人数也有其合理性。

(1) 被解释变量。本书采用企业治理模式 (LEGAL_FORM) 作为被解释变量，该被解释变量是一个虚拟变量。当企业治理模式为合伙制时，治理模式的值为0；当企业治理模式是公司制时，治理模式的值为1。样本数据内的75家公司中，公司制有27家企业，合伙制有48家企业。

(2) 解释变量。本书研究遵循 Greenwood、Li、Prakash 和 Deephouse (2005) 的方法，采用人力资本杠杆 (LEVERAGE) 表示 (假说1)，也即会计师事务所提供服务的标准化程度，并将其定义为会计师事务所中注册会计师人数与合伙人 (或者企业高管) 数之比。该数值越高代表每个合伙人 (或企业高管) 带领的注册会计师人数越多，表明会计师事务所提供服务越标准化。之所以采用该指标是因为，服务标准化可以按照一定的流程和规范运作，实行规模化作业，合伙人 (或企业高管) 可以带领较多注册会计师为其工作，在开展业务过程中，其更多的是担当决策者、指导者和监督者的角色；而服务的非标准化，则意味着合伙人 (或企业高管) 很难将其中的关键性工作交给其他注册会计师完成，而是需要亲力亲为。如此一来，他们也就无法带领较多注册会计师为其工作。

由于会计师事务所每设立1个分支机构，它都需为分支机构租用一定的办公场所并购置相应的办公设备与器材，并聘请更多的注册会计师，管理成本也会相应提高。当某个会计师事务所拥有更多的分支机构时，它对资金必然有更高的需求。因此，本书通过会计师事务所的分支机构数 (OFFICE) 来表示资本需求 (假说2)。

本书沿袭 Jones et al. (2003)、Blair，Kruse 和 Blasi (2000) 的处理方法，使用营业额变动程度 (VOLATILITY) 作为测量会计师事务所经营风险的测量指标 (假说3)，并将其定义为2003年至2010年共8年间营业额的方差。

本书不同于 Richter 和 Schroeder (2008) 选用某一年度的企业所有员工平均人数作为测量企业规模的指标，也不同于陈和 (2009) 选用合伙人数，而是选择注册会计师人数 (PROFESSIONAL) 作为企业规模的测量指标。因为在合伙制专业服务业企业中，企业专业人员就是企业的核心资产和财富 (Maister，1993)，也是企业规模和实力的象征。因此，相比采用企业总人数和合伙人数，注册会计师人数 (PROFESSIONAL) 更能准确测量企业规模 (假说4)。

在员工异质性的测量指标 (假说5) 方面，本书选取会计师事务所经营业务的行业分布 (INDUSTRY)。因为，会计事务所经营的业务不同，对注册会计师的要求也就不一样。为了能顺利开展相关业务，要求事务所引入具有不同的背景知识，了解和熟悉不同的行业特性、企业文化以及价值判断的注册会计师人员。这些知识背景差异较大的注册会计师，工作中分属于不同的项目小组，平时缺乏足够的交流与合作，无形中将增大员工间的异质性程度。

（3）控制变量。企业年龄能有效反映非经济因素对企业治理模式选择的影响。本书研究沿袭 Richter 和 Schroeder（2008）的做法，选取企业年龄（AGE）作为模型控制变量。因为，专业服务业企业选择其治理模式并非完全出于经济因素的考虑，非经济因素(如规制政策、社会文化背景等）有时也会对企业治理模式产生较大影响。并且，企业年龄越长，越容易受到非经济因素的影响。

2. 模型

本书采取极大似然估计法（Maximum Likelihood Estimation）来估计 Logit 模型，剔除存在缺失值的情况，本书使用的样本共包含 600 个观测值。同时对每个解释变量取自然对数以消除潜在的异方差问题，另外，解释变量取对数的具有弹性的含义，即解释变量变化的百分比相应于被解释变量变动的百分比来反映变量之间变动的敏感程度。会导致被解释变量变化的百分点，这一点在后面的回归分析结果中会进行更加详细地阐述。

本书构建以下面板数据模型对专业服务业企业治理模式选择进行分析：

$$LEGAL\_FORM_{ij} = \beta_0 + \beta_1 LNLEVERAGE_{ij} + \beta_2 LNOFFICE_{ij} + \beta_3 LNVOLATILITY_{ij} + \beta_4 LNPROFESSIONAL_{ij} + \beta_5 LNINDUSTRY_{ij} + \beta_6 LNAGE_{ij} + \varepsilon_{ij}$$

（三）描述性统计说明

表 6-3 为本书研究变量的描述性统计分析。公司制占总样本的 36%，同时除了代表人力资本标杆这个指标的变量之外，所有的解释变量与被解释变量之间的相关系数符合理论预期。

表 6-3 研究变量描述性统计分析

	均值	标准差	1	2	3	4	5	6	7
LEGAL_FORM	0.3550	0.4789	1.0000						
LNLEVERAGE	1.8650	0.6309	–0.0241	1.0000					
LNOFFICE	1.8089	1.2181	0.2018	0.0893	1.0000				
LNPROFESSIONAL	5.7679	1.3416	0.0530	0.3755	0.7974	1.0000			
LNVOLATILITY	6.0694	2.7154	0.0051	0.1431	0.7530	0.8885	1.0000		
LNINDUSTRY	2.3052	0.4600	0.1004	0.0415	0.0109	0.0764	0.1093	1.0000	
LNAGE	4.0570	0.4740	–0.0153	0.0414	0.4493	0.5603	0.4071	–0.0521	1.0000

三、统计检验与结果分析

（一）统计检验

本书采取极大似然估计法（Maximum Likelihood Estimation），使用 stata 软件对模型进行估计。

由于变量 OFFICE 和 PROFESSIONAL 间相关性较高，存在一定共线性问题。如果模型中同时包含 OFFICE 和 PROFESSIONAL 两个变量，在回归分析时，可能会影响变量自身的显著性水平以及模型整体效果。因此，本书采取了简单的技术处理，首先把 5 个解释变量同时纳入模型进行回归检验，得到模型 1（Model 1）的检验结果；然后将 OFFICE 和 PROFESSIONAL 分别剔除出模型再做两次回归检验，分别得到模型 2（Model 2）和模型 3（Model 3）的检验结果，这样可以有效减少变量 OFFICE 和 PROFESSIONAL 间共线性的影响。

具体的检验结果见表 6-4。

表 6-4　治理模式回归分析检验结果

	Model 1		Model 2		Model 3	
	回归系数	偏效应	回归系数	偏效应	回归系数	偏效应
LNLEVERAGE	-0.197 （0.250）	-0.040 （0.050）	-0.066 （0.219）	-0.013 （0.044）	-0.656*** （0.205）	-0.143*** （0.043）
LNOFFICE	0.939*** （0.164）	0.189*** （0.286）	1.001*** （0.138）	0.202*** （0.022）		
LNPROFESSION-AL	0.243 （0.256）	0.049 （0.519）			1.018*** （0.214）	0.222*** （0.044）
LNVOLATILITY	0.376*** （0.089）	0.076*** （0.018）	0.303*** （0.057）	0.061*** （0.010）	0.379*** （0.886）	0.083*** （0.018）
LNINDUSTRY	0.657*** （0.184）	0.132*** （0.035）	0.656*** （0.183）	0.132*** （0.035）	0.509*** （0.178）	0.111*** （0.038）
LNAGE	-0.628** （0.272）	-0.127** （0.055）	-0.492** （0.239）	-0.099** （0.048）	-0.729*** （0.257）	-0.159*** （0.055）
C	-0.107 （1.084）		-0.047 （1.089）		-1.191 （0.923）	
Wald 统计量	62.74***		52.42***		32.90***	
Pseudo R2	0.096		0.095		0.038	
对数似然值	-352.748		-353.205		-375.638	

注：***，**，* 分别表示在 1%、5%和 10%水平上显著；括号内的数值为稳健标准误差。

总体而言，3 个模型的显著性水平较高。Pseudo R^2 的值能解释被解释变量 10% 以内的变化。并且，除检验常数项外的其他解释变量的系数同时为零的 Wald 统计量高度显著，表明本书所选取的变量能够解释被解释变量的变化，模型拟合结果达到预期效果。

（二）回归结果分析

第一，变量 LEVERAGE 在上述 3 个模型中的符号均为负，这表明与理论预期相反；且在前两个模型中显著性水平较低。这一结果没有能验证假说 1，即企业服务业务的标准化程度对企业治理模式并不具有显著影响力。该结果与陈和（2009）认为两者应该显著相关的结论相反，与 Richter 和 Schroeder（2008）得出仅能提供微弱支持的结论也存在一定差距。其原因可能是，在专业服务业企业中，不同合伙人（或者企业高管）之间的能力存在较大差异，高能力者自然可以承担更多的业务，指导和监督更多的属下，而未必受制于企业服务业务是否标准化。当然，也有可能是由于专业服务业企业大规模使用应用软件等高科技手段，企业可以利用这些技术平台，将客户的定制化服务转化为标准化服务，从而减少了合伙人（或者企业高管）亲力亲为的程度。

第二，由于变量 OFFICE 和 PROFESSIONAL 间相关性较高，因此，在模型 2、3 中，分别验证了 OFFICE 和 PROFESSIONAL 两个变量。在模型 1、2 中，OFFICE 的符号与理论预期一致，其显著性水平也非常高。从定量的结果来看，根据模型 1 估计的偏效应，当企业办公室数量增长 1 个百分点时，对应企业选择公司制的概率会增加约 0.189。模型 2 也可以此类推。该检验结果支持了假说 2，即若专业服务业企业的资本需求较大，企业趋向采用公司制治理模式；反之，则采用合伙制治理模式。

第三，变量 VOLATILITY 在所有模型全部通过显著性检验，且符号与理论预期相同。这一结果与 Richter 和 Schroeder（2008）认为两者正相关相同，而与陈和（2009）的结论存在差异。其原因可能与陈和（2009）采用的是营业额变动量有关。

第四，在包含变量 PROFESSIONAL 的模型 1、3 中，虽然只有模型 3，变量 PROFESSIONAL 通过了显著性检验，并且符号与理论预期一致。但考虑到模型 1 同时含有变量 OFFICE 与 PROFESSIONAL，它们存在一定的共线性。因此，模型 1 并不能准确反映变量 PROFESSIONAL 的经济意义。基于此，可以认定模型的归回结果较好地验证了假说 4，即若专业服务业企业组织规模较大，企业趋向采用公司制治理模式；反之，则采用合伙制治理模式。

第五，变量 INDUSTRY 在 3 个模型的显著性检验中都获得了通过，并且符号与理论预期一致。这一结果非常有力地支持了假说 5，即若专业服务业企业员工的异质性较高，企业趋向采用公司制治理模式；反之，则采用合伙制治理模式。

最后，在 3 个模型中，控制变量 AGE 也都通过了显著性检验，这一结果与本书的预期相一致，即验证了非经济因素的确对专业服务业企业选择治理模式具有一定影响。

（三）进一步讨论

1. 样本的局限性

首先，在数量上可能存在局限性，研究样本只体现了美国前 100 强会计师事务所的数据，对拥有 56705 家[①]会计师事务所的全美国会计行业来说，前 100 强无疑都是行业内的大型企业，其构成不能充分体现会计师事务所的规模效应。

其次，在代表性方面也可能存在局限性，虽然会计师事务所是典型的专业服务业企业，但选用会计师事务所作为研究样本，可能存在其并不能完全代表整个专业服务业企业的风险。要说明本书提出的相关假说，对于其他专业服务业企业也具有同样的适用性，还需搜集其他专业服务业企业（如：律师事务所、管理咨询机构、建筑师事务所等）更多的有效数据，增加样本覆盖面，进一步扩大样本量并加以验证；这也正是笔者下一步研究需要努力的方向。

2. 变量的改进

尽管本书研究所采用的解释变量均来自 Greenwood 和 Empson（2003）、Greenwood、Li、Prakash 和 Deephouse（2005）、Richter 和 Schroeder（2008）、陈和（2009）等学者们既有的研究，但变量本身还或多或少地存在一些问题以及局限性。出于稳健性的考虑，为增强研究结果的准确性，本书的研究设计有待获取更多工具变量数据以进行检验。具体而言，有以下几点有待尝试改进。

首先，本书虽然不同于陈和（2009）采用企业营业额变动量的做法，而是沿袭 Jones et al.（2003）、Blair，Kruse 和 Blasi（2000）的处理方法，使用企业营业额的变动程度作为专业服务业企业经营风险的解释变量，并且采用对数和方差的数学处理

①根据 U.S. Census Bereau, 2002 *Economic Census Report* 的显示，美国 2002 年全国拥有会计师事务所共 56705 家。

方法尽可能将干扰因素降到最小，但企业营业额变动程度可能受客观经济环境影响，这是一种系统性风险。如2008年的全球金融海啸对企业业绩所产生的影响就属于系统性风险。在全球经济受大波动的情况下，企业很难独善其身。由于系统性风险造成的企业营业额变动，可能对解释企业经营风险存在一定的偏离。

其次，本书虽然遵循Richter和Schroeder（2008）的方法，采用行业分布来表示企业员工的异质性程度，但对于跨国、跨区域的专业服务业企业而言，可能不同地域的风土人情、文化背景和宗教信仰等原因所导致的员工异质性问题可能比分布不同行业更加明显。由此可见，该方法可能存在一定的局限性。

3. 非经济因素的影响

本书尽管在采用企业年龄（AGE）作为模型控制变量时，考虑了一些非经济因素。但事实上，可能还远远不够，有些非经济因素甚至可能会左右专业服务业企业治理模式的选取，比如政府对一些行业所制定的规制政策。另外，不同国家所采用的不同法律体系、不同文化背景、不同宗教信仰、不同社会经济发展水平，以及不同专业服务业企业所在行业的不同属性，都将在某种程度上影响到专业服务业企业对企业治理模式的选择。

身处社会中的企业，会受到经济因素和非经济因素的影响。因此，要清晰理解专业服务业企业治理模式的选择问题，还有必要对非经济因素展开系统分析和研究[①]。该工程量将非常巨大，并且需具备不同领域的知识背景，但也将是笔者今后研究工作的方向之一。

四、小结

企业的治理模式，实质上是企业所有权配置状态。常见的治理模式有公司制和合伙制。在公司制发展如日中天的今天，合伙制的影子却仍然闪烁在专业服务业企业中间。本章梳理了公司制与合伙制各自的治理优势，通过选取美国2003年至2010年前100强会计师事务所数据对相关假说进行了验证，结果表明，资本需求越大，经营风险越高，组织规模越大，员工异质性越高，企业越趋向于采用公司制治理模

①Von Nordenflycht(2006)在这方面已开展了一定的研究。

式；而服务业务的标准化程度与企业治理模式间的关系尚不确定，有待进一步研究。

当然，本章的研究样本无论是在样本数量上，还是在样本的代表性方面都还具有一定的局限性；研究变量也存在一定的改进空间；对非经济因素的影响也需要更加全面地加以考虑。这些不足之处，还有待在下一步研究中改进。

第三编 现实与选择

第七章 中国专业服务业企业的现实表现

20世纪90年代以来，以美国为代表的发达国家在放弃部分低端服务市场的同时，却牢牢占据着专业服务业这一高端服务市场份额，在全球市场上基本上处于垄断态势。过去，中国专业服务业并没有得到充分发展，并且存在较多的政府管制。随着改革开放的不断深入，中国逐渐降低对服务业外资的政策性壁垒，专业服务业跨国企业纷纷进入中国市场。如今，世界上没有任何地方的专业服务市场的成长速度像中国这样快，快速发展的市场为专业服务业企业带来了巨大的商机。但中国专业服务市场“两极分化，强者愈强”的发展态势明显。在各专业服务业务领域，大型专业服务业跨国企业大规模招兵买马，抢占地盘，中国本土专业服务业企业尚处于发展初期。

在中国专业服务业的几个主要领域中，我们不断发现有外国跨国企业的身影出现，他们在华的业务量增长非常迅猛，并占据了非常大的市场份额。在会计咨询领域，毕马威（KPMA）、安永（Ernst & Young）、普华永道（PricewaterhouseCoopers）和德勤（Deloitte）等几大国际巨头，已基本垄断了中国的中高端会计、审计业务；在管理咨询领域，麦肯锡、贝恩、罗兰·贝格等几家跨国企业已经占据了中国管理咨询业市场的半壁江山；在地产服务领域，以仲量联行和世邦魏理仕为首的世界地产综合服务机构，已经基本垄断了中国的高端房地产市场；在广告业领域，自从2005年中国广告市场全面开放以来，中国广告公司营业额的前4名始终由跨国公司所占据。而在中国专业服务业的其他领域，外国跨国企业也正在快速进入，其中，有些巨头们信誓旦旦地宣称，将在短期内以数倍的速度在内地进行扩张。

相比之下，中国本土专业服务业企业的发展规模和实力与外国竞争对手似乎不成比例。根据2009年的工商企业统计年鉴显示，国内从事专业服务业的企业达36.9万家，但企业人数在20人以下，营业额在500万以下的占了将近一半；企业人数超过1000人、营业额超过10亿的在全国屈指可数。在全国范围内跨区域开展业务的专业服务业企业占比不足1%，能走出国门的更是凤毛麟角。以北京为例，规模以上本土专业服务业企业仅占2.4%，从业人员不足60人的企业占到95.9%，资源相对分散（张耘，2010）。据业内权威人士分析，到2015年，本土专业服务业企业将只有3%盈利，另有7%属保本经营，勉强可以生存，剩下90%的都将挣扎在倒闭边缘（郑琴琴，2007）。

外资跨国专业服务业企业来势汹汹不可小视，但中国本土专业服务业企业的前景真如业内权威人士预计的那么悲观吗？中国专业服务业企业的现实表现究竟如何？本书分别选取了专业服务业中3个最具有代表性的行业，即会计服务业、法律服务业和广告服务业的情况来进行具体分析。

一、会计服务业

会计服务业是中国专业服务业中最典型、各项指标占比最大，也是发展最为迅速的行业之一。根据国家财政部副部长王军2011年9月7日在全国证券资格会计师事务所主要负责人会议上透露："十一五"期间，中国注册会计师行业在整体规模、执业质量、服务能力、国际影响等方面取得了不小的成就。会计师事务所业务收入年均增长21%；2010年全国共有约7000家会计师事务所，全行业业务收入创历史新高，达到375亿元，增长18%，不仅高于行业2009年2.5%的增速和主要国际会计公司网络平均2%的增速，也高于同期国内生产总值（GDP）10.2%的增速。而据2011年7月25日，中国注册会计师协会公布《2011年会计师事务所综合评价前百家信息》。前百家事务所在行业发展中居于龙头地位。2010年，前百家事务所业务收入为231.04亿元，占行业总收入的61.6%，平均每家事务所收入2.3亿元，约为全国事务所平均收入463.75万元的50倍。前百家事务所的年业务收入从2009年的206.11亿元，增加到2010年的231.04亿元，增加了24.93亿元，其中业务收入超过1亿元的事务所数量为38家，比2009年增加了4家；业务收入超过5千万元的事务所数量为67家，比2009年增加了10家。除中外合作事务所外，收入亿元以上的34家事务所业务收入增长20.72%。特别值得关注的是，除中外合作所外，单家事务所年业务收入首次突破10亿元，达到10.4亿元，与《国际会计公报》发布的2010年主要国际会计公司网络收入排名第14位的事务所收入相当，其与中外合作所平均收入比由2007年1∶7.12上升为1∶2.29。

与此同时，占全国会计师事务所总数0.8%的53家证券资格会计师事务所共实现业务收入205亿元，占全行业总收入约55%。此外，注册会计师行业积极实施新业务领域拓展战略，事务所普遍开展诸如专项审计（如首次公开募股、净资产、离任和破产审计等）、内控审计、涉税鉴证、其他鉴证业务（如高新技术企业认定审计、司法鉴定、捐赠审计、移民审计等）、会计服务、管理咨询、培训业务和其他业务，全行业共实现新业务收入100.62亿元，占行业总收入的27.81%，事务所拓展新业务领域和多元化发展战略取得初步进展。

虽然会计师服务业发展迅速，本土会计师事务所的业务量也呈现出可喜的增长态势，但与跨国会计师事务所相比，还存在不少差距。自从2003年中国注册会计师协会开展会计师事务所综合评价前百家活动以来，毕马威（KPMA）、安永（Ernst & Young）、普华永道（PricewaterhouseCoopers）和德勤（Deloitte），俗称“四大”会计师事务所连续9年占据着前4的位置；近5年，中国本土实力较强的几大会计师事务所收入增长较快，但与“四大”的收入差距并没有明显缩小（如表7-1）。

表7-1 近5年中国前7名会计师事务所总收入情况表 单位：万元

	2006年	2007年	2008年	2009年	2010年
普华永道中天会计师事务所	203762	262571	275518	257843	296064
德勤华永会计师事务所	138564	212428	249882	237025	260007
毕马威华振会计师事务所	123747	194496	243517	222110	186202
安永华明会计师事务所	159833	231580	270000	196064	209412
中瑞岳华会计师事务所	21049	50467	65217	87205	103929
立信会计师事务所	21983	37140	66639	66266	81725
信永中和会计师事务所	20252	25432	26153	51860	56395

资料来源 根据中国注册会计师协会历年的统计数据整理。

以首次公开募股审计业务为例，自2009年IPO重启至2011年8月，共有632家A股公司上市，贡献了19亿元上市审计费，平均每家300万元。从首次公开募股审计项目数量上看，内资合资所独大，前10名中没有“四大”的身影。项目最多的是天健会计师事务所——74个，占比12%。立信排名第二（59个），天健正信季军（45个）。列入前10的还有深圳鹏程、中瑞岳华、大信、利安达、立信大华、信永中和、正中珠江。前10名事务所承揽400个首次公开募股审计业务，占比63%。但从收入情况看，“四大”凭借大项目睥睨同行。德勤仅仅依靠中国建筑（601668）、农业银行（601288）、山东墨龙（002490）和深圳燃气（601139）等4个项目，就进账2.76亿元审计费，超过天健74个项目的全部收入（2.04亿元）。

为此，在《中国注册会计师行业发展规划（2011~2015年）》中明确提出，“十二五”期间行业总收入年均增长保持在15%左右，实现全行业业务收入翻1番；着力培养350名领军人才、600名具有国际认可度的注册会计师、5000名新业务领域复合型业务骨干；着力培育10家左右执业网络、服务能力、收入规模和市场影响具有国际水准的大型事务所，除国际合作所外，至少有3家以上事务所迈入世界前20强之列。

二、法律服务业

“律师可以在任何环境下赚钱”这句话在中国也非常适用。近年来，中国律师服务业稳步发展。据国家司法部副部长赵大程在2011年10月18日的第九届中国律师论坛上介绍，中国执业律师总数已突破20万人，律师从业人员已达25万多人，具有本科以上学历的律师占律师总数的60%以上，其中，研究生以上学历的律师已经超过2万人；律师事务所有1.7万多家，个人命名的律师事务所361家，约占总数的2%；有20多个国家和地区的239家律师事务所在我国设立了293家代表机构，全行业业务年收入已达人民币400亿元。律师事业呈现出蓬勃发展的势头。

国家统计年鉴数据显示（如表7-2），截至2010年底，中国共有律师事务所17230家，执业律师约195170人，其中专职律师176219人，兼职律师9294人。

表7-2 中国历年律师工作基本情况统计（2006~2010）

项目	2006年	2007年	2008年	2009年	2010年
律师事务所(个)	13096	13593	14467	15888	17230
律师工作人员(人)	164516	143967	156710	173327	195170
专职律师	122242	128172	140135	155457	176219
兼职律师	8068	7842	8116	8764	9294
民事诉讼代理(件)	1027117	12478773	1401147	1499105	156904
刑事诉讼辩护及代理(件)	341619	495824	511971	564204	530800
行政诉讼代理(件)	56657	56342	54666	57286	51011
非诉讼法律事务(件)	915482	607049	729218	569304	549453
解答法律询问(万人次)	520.13	381.83	350.86	383.08	474.51
代写法律事务文书(万件)	145.32	715.37	720.99	684.22	723.72

资料来源 《中国统计年鉴》(2011)。

2010 年，中国律师共办理刑事辩护及代理 530800 件，代理民事诉讼案件 1569043 件，代理行政诉讼案件 51011 件，非诉讼法律事务 549453 件，解答法律询问 474.51 万人次，代写法律事务文书 723.72 万件。“十一五”期间，全国律师共代理诉讼案件近 1000 万件，办理非诉讼法律事务 500 万件，办理法律援助案件近 100 万件，为 2 万多个政府部门、35 万个企事业单位和社会团体担任法律顾问。

近年来，律师事务所的专业化、规模化程度不断提高，在北京、上海、广州、深圳等大城市和经济发达地区，已经出现了一批专门或主要从事公司综合类业务，公司收购、兼并与重组，公司融资与资本市场，私募股权与投资基金，国企改制与产权交易，银行与金融，外商直接投资与外资并购，境外投资，反垄断与国家安全审查，税务，国际贸易，国际贸易救济与 WTO 业务，海商海事，知识产权，房地产与建设工程，矿业、能源与自然资源，争议解决与强制执行，刑事辩护，劳动法等业务领域的专业律师事务所。甚至有少数几家律师事务所的发展规模已经在亚洲地区处于领先地位，如总部设在北京的中国大成律师事务所，2009 年总人数已经超过 2600 人，仅中国大陆就拥有 1600 多名律师，2010 年 10 月 5 日还在美国纽约设立分部，成为第一家正式进驻华尔街的中国律师事务所。但中国各地事务所在发展程度上存在巨大差异，全国最好的律师事务所主要集中在北京、上海和广州，这三大中心城市的律师事务所占据了全国事务所 80%的收入和市场份额（胡景岩，2008）。按照 IOB 杂志的统计，中国有 15 家大律师事务所，其中有 11 家在北京。

中国律师队伍虽然逐年壮大，但从总体上看，律师数量仍然不足，占人口总数比例与发达国家还存在较大差距（如表 7–3），律师事务所的规模也普遍较小，以 2010 年全国的执业律师人数和律师事务所的数量计算，平均每家律师事务所的人数不过十余人左右。

表 7–3 2010 年年底各国法律服务业发展情况比较

	中国	美国	英国	法国	德国	日本
律师人数	18 万	85 万	9 万	3.6 万	6.2 万	7.4 万
律师比例	1.4/10000	31.7/10000	15.4/10000	6.2/10000	8/10000	6.2/10000

资料来源 根据《国际统计年鉴》(2011) 及《中国司法行政年鉴》(2011) 整理。

并且，传统业务和现在的法律服务领域的发展不均衡，业务流不均衡。90%多的律师挣扎在传统的业务领域，大量现代法律服务缺乏人才，缺乏关注，比如税收法律服务领域，在任何一个国家，税收方面的法律服务都是最重要的方面，但在中国，这么大一个国家的税收法律服务，常年来缺少关注，常年来被“四大”会计师事务所的税务人员所垄断。中国律师大多是做国内诉讼类业务，能熟练运用外语和专业法律知识与国外客户洽谈业务、签订合同的仅有几千人，通晓国际法、国际贸易和 WTO 规则的律师尤其稀缺。中国律师在大型复杂的跨国交易和高新技术产业方面的专业知识和服务经验不足，缺乏国际谈判的经验和从事国际律师业务的能力，在国际法律服务方面竞争力相对较弱。

与此同时，随着中国加入世界贸易组织，到 2010 年底，已有超过 230 家外资律师事务所进入中国内地。落户上海的外资律师事务所已经超过 100 家。仅香港律师事务所就在内地 15 个城市设立了 70 家代表机构，有 6 家香港律师事务所与内地律师事务所组成联营，共同拓展两地的业务。外国律师事务所在带入先进的管理经验的同时，也使得国内的律师服务业竞争更加激烈。外国律师事务所通过提供比大多数本土律师事务所优厚且稳定的薪水，给予工作一定年限的律师适当的出国培训或上学深造的机会以及让员工接触到比较高端的客户和业务，获取更多的锻炼和经验积累等诸多手段，并利用他们的强大品牌形象、吸纳中国优秀法律人才。相当数量的本土律师事务所多年培养的优秀律师跳槽到外国律师事务所，再加上"海归派"律师进入外国律师事务所，使得外国律师事务所不仅在人才竞争上保持一定的优势；而且在以国际间资本流动和运行所产生的跨国法律服务为代表的高端市场上占据很大份额，具有明显的竞争优势。

三、广告服务业

伴随着国家经济的快速发展，中国广告服务业从 1979 年开始发展，30 多年间已经取得了巨大的成果。20 世纪 90 年代的增长率曾远远超过国家国内生产总值（GDP）的增长率。根据国家工商行政管理总局每年发布的广告业统计数据显示（如图 7–1）：2001 年，中国广告营业总额仅为 795 亿元，到 2003 年，广告营业额增长到 1079 亿元，增长率为 19.49%，2005 年广告营业额已达 1416.3 亿元；2008 年和 2009 年，受国际金融危机的影响，中国广告服务业的增速有所放缓，但年增长率仍超过 8%。截至 2010 年年底，中国广告经营收入达到了 2341 亿元，比"十五"初期增长近 2 倍，比"十一五"初增长近 1 倍，年均增速达 12.68%，与 30 年前相比，更是增加了 170 倍以上。广告金额对国民生产总值的直接贡献率从几乎为零到 2010 年的 0.66%，广告经营单位已经发展到 24.3 万多户，广告从业人员 148 万余人，中国广告市场的经营总额在 2009 年已跻身于世界广告市场的前 4 位。这也表明，中国也因此成为全球广告业增长速度最快的国家之一。而在 2011 年 6 月 8 日中国长沙国际广告节上，国际广告协会主席阿兰·卢瑟福德则透露，中国在 2011 年已成为世界第二大广告市场，并正在从低成本生产过渡到创新和营销创意为主，迈向世界广告大国。虽然中国广告业的发展速度惊人，但中国广告业的营业额占整体经济的比重仍然不足 1%，相比于发达国家的 2%的平均比例，广告业的发展空间仍然巨大。

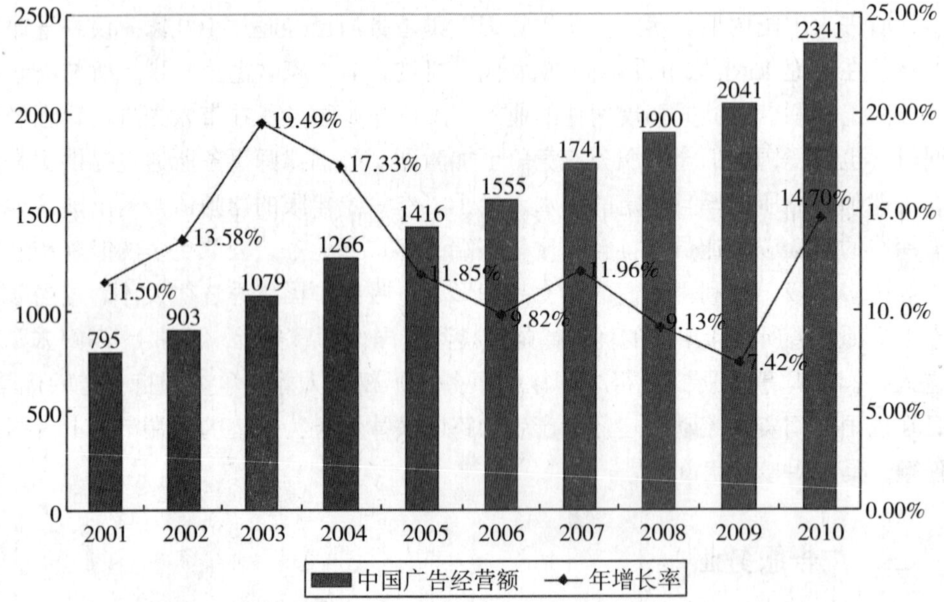

图 7-1 中国历年广告经营额及增长率（单位：亿元人民币）

2011 年 7 月，中国广告协会发布的 2010 年中国广告经营单位排序报告显示：广告公司在 2010 年创造了 9403495 万元经营额，较 2009 年（8494297 万元）上升 10.70%，占中国广告业经营额的 40.18%。在广告经营单位中，外商投资企业增加了 103 户，达到 882 家。非媒体服务类广告企业广告营业额前 10 名的总和为 3644414 万元，较 2009 年的 2995059 万元增长了 649355 万元，在广告公司经营额总和中的比例从 2009 年的 35%上升到 39%，综合性代理公司的整体优势越发明显。而媒体服务类广告企业的趋势也是如此，优势资源向大型广告公司集中，前 10 名的广告企业营业额为 1623837 万元。2010 年，全国共有广告经营单位 243445 户，比 2009 年增长 18.76%。进入经营额前 100 位的 200 家“媒体服务类”与“非媒体服务类”广告企业共创造了 9211245 万元的经营额，在 23405076 万元的广告业经营额中占据

39.36%的份额。媒体单位中，前100位的媒体单位营业额高达8110063万元[①]。

尽管中国的广告市场巨大，但在广告公司的整体实力上，不仅呈现“两极分化，强者愈强”的态势。特别是随着中国逐渐走向国际化，越来越多的跨国企业进入中国，多年服务于这些企业的广告公司也随之来到中国，例如上海、广州等中国东南沿海地区，国际广告公司纷纷进驻，对本土广告公司构成威胁。国际广告公司有着自身的优势，上百年的悠久历史、规范的运营管理模式、先进的策划理念，代理着国际知名企业，拥有大量成功的案例，这些光环使得本土一些知名企业更相信这些外资广告公司。它们的业务量已经占领中国广告市场的半壁江山。《中国广告年鉴》数据显示，从1992~2007年中国广告公司营业总额前10名排名来看，1992~1993年进入前5名的均为本土广告公司，外资公司中1992年只有电扬广告公司（第8名）、1993年只有盛世长城（第6名）跻身前10名。然而从1996年起，外资广告公司几乎独揽了我国广告经营总额前5名的所有席位，并且在1996年起，前5名的席位都被外资公司占据，6~10名里中国本土广告公司也只能占据2~3个席位。截至2011年第三季度，根据部分公司财报数据统计，在数量上占99%的本土广告公司，其经营额仅占专业广告公司营业额总数的0.4%。在数量上占0.4%的外商投资广告公司，其经营额竟占中国专业广告公司总经营额的21%。

中国广告业生态环境的复杂对国际广告公司也是一个极大的挑战，他们积极地与本土企业合作，力求尽快融入中国市场。从1986年，日本电通、美国电扬与中国国际广告公司成立中国第一家合资广告公司——电扬广告公司开始，国际广告公司就开始把中国的广告市场与国际的广告市场相互对接。出于本土化战略的考虑，国际广告公司在中国广告业还掀起了一股“并购风”。TOM户外集团2004年先后并购重庆“金朝”和武汉“丽兰”；德高公司2005年以12亿港元先后并购了属于中国四大户外广告公司的“媒体世纪”和“媒体伯乐”；2002年，全球第二大广告传播集团

---

①根据中国广告协会的释义。广告营业额是指从事广告策划、设计、制作、发布代理业务以及其他与广告有关的业务活动的全部实际收入（以给客户开出的发票数额为准）；广告营业收入是指广告营业额减去付给媒介单位广告发布费用后的实际收入（以缴纳税款的发票数额为准）。媒体服务类是指为媒体提供代理、销售、品牌运营以及为广告主提供媒体策划、媒体广告资源购买等专项服务的广告企业（例如，电视、平面、户外、网络等媒体的销售、代理公司，媒体广告资源策划购买公司等）。非媒体服务类指主要从事品牌营销传播、广告设计制作、专项策划执行等服务，而非媒体广告销售、代理、策划、购买的广告企业。

WPP 并购广东本土公关公司——博雅公关；2004 年 WPP 收购精实 70%股份；2006 年 WPP 收购华扬联众。2008 年 12 月，阳狮集团将中国最具专业实力的本土综合性广告传播集团之一的维传凯普传播机构（W&K Communications）收购，成立李奥贝纳维传凯普，使之成为李奥贝纳大中国区的一个组成部分。经过十多年的耕耘，国际广告公司在中国已经形成人才、资金、操作系统全球融通的广告市场。

相比之下，本土广告公司在资金、规模上的劣势更加凸显，广告业竞争更加激烈。本土广告公司当中虽然还有"未来"，还有"省广"，年营业额达到 20 亿元、30 亿元。然而，与巨型的国际对手相比，无论是发展思路还是资源配置，差距都是相当明显的。在广告主专业化、综合化双重需求的背景下，本土广告公司在激烈的广告竞争中要想生存，必须具有独特的不可替代的核心竞争力，同时也要能提供综合化的整合营销服务。不可替代的核心竞争力可以走专门化的路径，但最终都是为了实现广告公司的高度专业化。高度专业化是广告公司必须坚守的生命线。

专栏 3：专业服务业企业近年在中国迅猛发展

2005 年，笔者所供职的企业——广东利通置业投资有限公司要在广州珠江新城开发建造一座高 300 米的超甲级写字楼——利通广场，需寻找一系列的专业服务业企业为该项目的可行性研究论证、选址分析、设计、产品标准制订、财务预算、工料测量、成本控制、品牌推广等工作提供专业服务。但当时，不仅在广州，甚至在整个华南地区都不太容易找到令人满意的相关专业服务业企业。以设计为例，由于广州缺少有经验的超高层写字楼专业设计服务企业，为了保证项目的高端品质，我们只好通过网上搜索，以电话或 E-mail 的形式与异地的设计服务企业取得联系，然后再派人前往设计服务企业所在地与对方洽谈合作事宜；期间，因服务周期、语言文化差异、法律条款以及服务费用等诸多问题，我们先后与全球 8 个国家和地区近 46 家专业设计服务企业进行了洽谈。所花差旅费用不算，仅在时间上，就用去了我们近 1 年的宝贵时光。到了 2010 年，短短几年时间，这些专业设计服务企业，包括世界顶级的 SOM、KPF 等专业设计服务企业大都在广州设立了分支机构、办事处或者与国内的专业设计咨询服务企业合作成立工作组，可以很容易地与他们取得联系；并且，相应的语言翻译、法律事务、财务处理等问题均可轻松找到相应的专业服务业企业提供专业服务。

根据地产专业服务企业——美国世邦魏理仕的统计分析显示，2008~2010 年 3 年间，广州甲级写字楼租赁市场有 144 个主要成交案例。从客户行业分布来看，银行保险、地产、IT及电信、专业服务业、消费品、政府机构和能源工业等七大行业分别占成交个案和租赁面积总量的90%以上。其中，专业服务业有25个，成交面积高达45562平方米，占总成交面积的34%。

专业服务业企业在最近3年时间里，发展速度最快；该行业无论是客户租赁数量还是租赁面积都占有比较大的市场份额。

在专业服务业企业中，以会计师事务所和广告公司为例，目前，世界著名的几大会计师事务所如毕马威、普华永道、德勤、永安和国际4A广告公司如奥美、智威汤逊中乔、旭日因赛、李奥贝纳等都已经进驻广州，并且他们分别在国际金融广场、广州发展中心、中泰国际广场、粤海天河城广场和保利国际广场等广州一流的超甲级写字楼内租用了较大的办公面积。而其他的诸如房地产专业服务业企业如仲量联行、戴德梁行、世邦魏理仕、第一太平戴维斯、高力国际等近年也租用了较大的办公面积；律师事务所和其他的专业服务业企业在广州的发展也非常迅速。

根据笔者从几大知名房地产专业服务业企业获知，近年专业服务业企业迅猛发展并扩张的情况，广州并非特例。中国其他一线城市，如上海、北京、深圳，还包括一些二、三线城市都存在同样的现象。就连世界专业服务业企业管理大师梅斯特（Maister，2009）都认为：世界上没有任何地方的专业服务市场的成长速度像中国那样快，飞速发展的市场为中国专业服务业企业带来了巨大的机会，它们既能学习世界其他地方的先进经验，又能成为全新经营模式的弄潮儿。

第八章　中国本土专业服务业企业的治理隐忧

如果说在过去20年里外国企业与中国企业的竞争主要表现为制造业企业之间的竞争，那么，未来20年里将逐渐升级为专业服务业企业之间的全面竞争。具有强劲购买力的中国消费者早已熟悉了众多的外国品牌，例如宝洁、可口可乐、索尼、菲利浦等，因为这些企业生产的产品与消费者的日常生活息息相关。许多国内企业也已经历了与国际制造商之间残酷的近身肉搏战，而且在一些领域如白色家电，中国企业似乎正越来越占上风。但是，在另一个没有硝烟弥漫的专业服务业战场，外国企业的市场进入并没有引起中国企业和消费者的警觉。虽然，迄今为止，中国本土专业服务业企业所受到的冲击远比制造业企业要少。或许正因为如此，在温室中得到过多呵护的专业服务业的抗风险能力和生命力，远远比不上在恶劣环境中发育和成长，并结合了中国区位资源优势的传统制造业。这或许意味着，对于抗风险能力相对较弱的中国本土专业服务业企业而言，真正经受考验的时刻也即将到来。

1998年中国政府对包括会计、审计、律师等在内的专业服务业企业进行了脱钩改制，中国本土专业服务业企业逐渐成为以专业人员为投资主体，独立承担法律责任、自主经营、自担风险、自我约束以及自我发展的社会中介机构。许多过去只能通过依附于政府部门存在的专业服务业企业如会计师事务所、律师事务所、设计院、广告部等获得了一个新生的机会。建立在现代企业制度基础上的本土专业服务业企业如雨后春笋般涌现。他们肩负的是与外国服务性企业进行竞争的使命，也寄托了中国政府和人民对脆弱的第三产业发展的殷切期望。经过十几年的发展，中国本土专业服务业企业取得了不少成绩，但也逐步暴露出诸多弱点和问题，尤为突出的是企业治理方面存在的隐忧，已影响了企业的可持续发展和竞争力的提升。

中国本土专业服务业企业究竟在企业治理方面存在哪些隐忧？由于专业服务业涵盖了法律、会计、咨询、广告等诸多领域，各个领域拥有其自身的特性，企业治理也存在一些差异。本书尝试从个性中归纳出全行业的治理隐忧共性，以便对症下药。

一、未能充分认识企业自身的本质特征

专业服务业企业是由人力资本组成的关键性资源进行权力交易的黏性组织。它不同于一般意义上的传统工业企业，有其特殊性。传统工业企业在很大程度上始终是基于资源垂直整合的企业，拥有和控制许多高度专业化的物质资本，物质资本是企业的关键性资源，员工的人力资本与这些资本连接在一起且缺乏流动性，人力资本仅是物质资本的附属物，需要通过物质资本方能实现其自身价值，也就是人们通常所说的“资合”特征，这决定了其内部管理必然是以物质资本为核心。对这些物质资本的所有权就成为了对企业权力的主要来源。但专业服务业企业则不同，人力资本成为了企业的关键性资源，企业对人力资本的依赖程度要远高于传统工业企业，人力资本在企业中的谈判力也较强，在其职责范围内拥有相当程度的自主权，人力资本与企业之间以及个人与团队之间的关系可以不再是雇佣与被雇佣的关系，而是共生的关系，也即人们俗称的“人合”特征。

但从中国专业服务业企业的现实表现来看，本土企业并未能充分认识到其有别于传统工业企业的本质特征，普遍存在对人力资本重视不足的隐忧。长期以来，受制于“工业优先”的发展战略以及对“农业大国”的基本认识，中国的宏观和微观决策者们的思维模式和政策思路往往局限于传统的工业经济和农业经济形态。服务和服务业通常被看作是“非生产性”的、不创造价值的。因此，中国本土专业服务业企业过去大部分是通过依附于政府部门存在，属于所谓“吃皇粮”的队伍（黄少军，2000）。例如，会计师事务所在20世纪80年代初恢复时叫“会计顾问处”，隶属于各级财政部门，后来才逐渐改名为“会计师事务所”（王磊，2007）。也有一部分本土专业服务业企业是通过大型国有企业以所谓“企业办社会”的方式成立，作为“后勤部队”服务于企业主业。此外，一些事业单位、学校、社会团体等单位，也建立有与本单位业务相关的专业服务业企业。各种性质的专业服务业企业在市场上鱼龙混杂，各有地盘。那些官办或半官办的专业服务业企业，依靠主管部门的权力或者大国企的背景，采取行政命令、行业垄断的手段招揽业务，并建立自己的“势力范围”。而一些非官办的事务所，也是依靠主办部门的关系，通过行业封锁、低收费标准等方式承揽业务，经营着自己的“小天地”。企业“办社会”意义上的服务“外部化或市场化”严重不足。

原有脱钩改制后的专业服务业企业，“牌子”虽然换了，但“人马”还依旧如

故；领导可能也只是改变一下称呼，其原有领导风格和方法并未能得到根本改变,依然是“靠着大树好乘凉”，要业务找原主管单位，遇问题还是找原主管单位，与上级领导的关系往往还是企业的关键性资源。而新成立的专业服务业企业，合伙人或股东的职业素质往往参差不齐,一些合伙人或股东往往认为给企业出了资金，就要至少按照行业平均利润率获取投资回报，并不关心企业的长远建设，也不会考究其自身是否具有丰富的执业知识和经验。还有，本土专业服务业企业普遍存在个别出资人在企业权益中的比重过高，并据此获得最大的收益分配的现象，这极大地挫伤了其他出资人和业务骨干的积极性，导致企业内部“人合”与“资合”的冲突时有发生。

相比之下，进入中国的外国专业服务业企业，成立时间相对较久，经营理念都十分成熟，市场定位非常清晰，并且都各自具有核心竞争力；同时也都非常重视战略规划的制定与执行。比如，前面提到的“四大”会计师事务所，他们的市场定位是“为最大最强的公司服务”，因此其主要客户是大型跨国企业和上市公司；仲量联行和世邦魏理仕的市场定位为服务于高端房地产市场，因此，他们的主要服务领域是甲级写字楼市场。清晰明确的市场定位有助于提升这些企业的行业地位和知名度，也有助于提升企业员工的专业成就感和职业威望。

二、尚未建立良好激励与约束治理机制

在专业服务业企业中，专业技术、管理劳动甚至客户关系等人力资本要素的贡献比物质资本要素的贡献更大且更重要。专业服务业企业的治理目标是为“关键性人力资本利益服务”，人力资本的不可缔约性决定了人力资本投资和评价是专业服务业企业治理的关键挑战。能否保障企业的关键性人力资本的安全，维护其完整性，有效防范员工在客户服务过程中的敲竹杠、道德风险等行为；并激励员工提供恰当的人力资本投资，为企业创造价值关系到专业服务业企业治理目标的成功与否。在专业服务业企业中，人力资本凭借其专用性投资重要性地不断攀升，在企业中的话语权和自主权也不断增强。在收入所得方面，关键性人力资本也不再满足于获取劳动市场上的均衡工资，更强调参与企业的利润分成。让关键性的人力资本参与企业价值的分配，并通过绩效、声誉等信号检测定期评估人力资本，这对于激励和约束人力资本至关重要。

中国本土专业服务业企业的激励与约束治理机制缺乏较为完善的制度作为标准，有待进一步建立健全。在利润分配方面，一些企业还在沿用平均主义大锅饭的模式，

不利于多劳多得、少劳少得、不劳不得的经济原则，使部分人员滥竽充数，最终损害企业的声誉，增加企业风险。由于中国本土专业服务业企业有许多合伙人或者出资人并非“科班”出身，他们往往只关心自己的投资回报和收入分成，对企业业务的创新和可持续发展并不在意。而以所持股份为基础的企业利润分配模式往往使得一些能力低、贡献少的合伙人或者出资人可以通过占有较高的持股比例而获得较高的收入，这也无形中纵容了部分合伙人和出资人逃避责任和搭便车的心理，一旦这种心理变成实际行为，受伤害的除了那些能力强但持股比例低的合伙人和出资人外，对为企业创造大部分利润但又未能参与利润分成的关键性人力资本所有者伤害更大，并最终影响企业的可持续发展。另外，在中国本土专业服务业企业中，员工的薪酬制度通常采用固定工资加提成、固定工资加奖金两种形式。多数企业的固定工资定的较低，并且一般保持不变；而提成和奖金通常根据业绩和工作效率等因素加以考核，但多数企业的定期考核晋升制度并不完善，或未能有效实施；部分企业还存在合伙人或企业高管拥有绝对的控制权，对员工的弹性收入部分随意设定标准，并暗箱操作，分配透明度不高。

市场经济的日趋成熟，使中国的市场机制变得越来越规范。向来被视作国内服务业优势所在的灰色地带也越缩越小。专业的服务质量和意识，营销和管理水平逐渐成为决定竞争优势的重要因素。而现实状况是，中国本土多数专业服务业企业从根本上看更像游击战中的游击队员，企业与企业之间，企业内部合伙人之间都习惯于孤身作战，完全没有充分发挥出不同企业、不同合伙人之间的资源整合优势。许多专业服务业企业缺乏基本的营销管理或对客户关系管理的认识。他们片面地认为，只要在专业上过硬，就能获得源源不断的客户。许多专业服务业企业唯一的对外宣传资料仅仅只有一些设计简单、印刷粗糙的宣传单页。企业内部也没有建立人与人之间良好的内部沟通战略和体系，能够使得不同合伙人以及员工之间可以有效地分享客户和市场的信息，从而能够提高企业内部信息流通和对外市场应变的能力。

相比之下，国外专业服务业企业的服务质量和意识，营销和管理水平是通过几十年甚至上百年发展所积累起来的，他们通常对服务质量制定有详细的标准，建立有成熟的营销渠道和手段，并拥有完善的管理体系；加上中国越来越多的外向型人才进入外国服务性企业，不断得到中国人力资源充实的外国专业性服务机构增加了对内市场知识和经验，国内服务业与外国服务业之间表现在中国市场经验上的差距越来越小。在此基础上，外国服务机构所拥有的企业规模、专业经验和管理优势就越发突出。

三、治理模式缺乏选择空间和配套支持

专业服务业企业具有“人合”的特性使得其治理模式比以物质资本为关键性资源的传统工业企业更为复杂和多样。根据企业经营业务、融资需求、经营风险、企业规模、员工异质性等不同影响因素，专业服务业企业可自由选择适合其自身的治理模式，包括公司制、合伙制或是其他模式。不同的治理模式各有其优劣势：合伙制可以保证企业能够为客户提供高质量的产品，能激发同事间的相互监督，有利于分担风险，提高决策效率和监督效率，降低代理成本；公司制有利于规范管理、组织决策以及企业的融资和套现等；而有限责任合伙制有利于避免因一个合伙人的过失而导致整个合伙组织及其他合伙人的财务破产，更能强调谨慎执业和提高业务水平。但不管哪种治理模式，都需要有完善的企业规章制度、质量控制体系、风险管理体系、操作准则以及行为规范等强有力的配套支持。

虽然中国政府并没有统一规定专业服务业企业的治理模式，但个别行业因法定化的原因而受到限制。比如中国《注册会计师法》规定，中国境内只允许设立两种形式的会计师事务所，即有限责任公司制和合伙制；而且，在我国设立的会计师事务所只需符合 30 万元注册资本和不少于 5 名会计师的要求。这就直接导致了会计师事务所的准入门槛非常低，而事务所发展起来则相对缓慢，导致了事务所整体规模偏下，缺乏抗风险能力。中国《律师法》规定，中国本土律师事务所只能允许设立合伙制、个人独资和国家出资 3 种形式。企业转变治理模式的成本较为昂贵；另外，中国本土有限责任制专业服务业企业的股权集中度很高，业务收入的大部分由股东分享，但是业务产生的风险却仅限于企业的全部资本。在一些合伙制专业服务业企业中，合伙人喜欢独断专行，家长制作风严重。与企业治理模式相配套的规章制度、行为规范等制度并不完善，缺乏可操作性和执行力，不能有效约束企业股东或合伙人。存在股东或合伙人为了个人的经济利益，采取一些侵害企业员工或者企业客户的行为，这不仅滋生了过激的商业行为倾向，还扭曲了激励约束机制，导致企业无论在内部制度规范化、业务流程标准化，还是在企业社会责任感等方面，均缺乏与国际专业服务业企业相比拼的实力。

企业的资金实力和组织形式是抵抗市场风险能力的主要衡量指标。由于专业服务业企业在中国起步较晚，又属于人力资本密集型企业，物质资本在企业中的比重较小，因此，中国本土专业服务业企业的注册资本金通常较低，较大的专业服务业

企业的注册资本在几百万，而小型的本土专业服务业企业的注册资本只有几万。如此低的注册资本不仅抵抗风险的能力较低，而且无法抵抗高风险所获得的高收入的诱惑。另一方面，中国本土专业服务业企业大多是有限责任制企业，该模式在给客户造成经济损失面临赔偿风险方面具有一定优势。赔偿的最高限额是以企业的净资产为限，企业所有者无须负连带责任，降低了风险责任对执业行为的约束。因此，中国本土专业服务业企业的风险防范意识普遍较差，企业在开展业务过程中，往往会以极小的资本额承接了大量的业务。加上本土专业服务业企业治理不够完善以及中国相关法律存在漏洞、监管不严，这在某种程度上助长了专业从业人员的短期行为，弱化了风险意识。

相比之下，外国专业服务业企业的抵抗风险能力占有明显优势。首先，由于经过多年的经营和积累，这些跨国专业服务业企业更加注重长远的发展战略，着重企业核心竞争力的培养，资金实力也相对雄厚；其次，国外专业服务业企业多采用合伙制的治理模式，企业家和专业人员须对其承揽的业务承担无限连带责任，违约成本较高，赔偿风险较大，因此，这些企业非常注重风险意识教育与管理；再次，这些跨国专业服务业企业所在国多为发达国家，法律法规较为完善，社会个人信用与诚信体系相对健全，企业所在行业自律组织较为规范，企业和个人的不良行为能够得到有效监管和惩治；最后，为防范因不良行为导致企业声誉下降而影响企业业绩的风险，跨国专业服务业企业通常都建立有周密的风险内控机制，严把职业操守和行为规范准则，做到将风险防范于未然。

第九章 中国专业服务业企业的出路思考

在现代经济的迅猛发展，市场经济的快速成长，国际资本对于中国市场的热望和中国企业对于国际市场的向往，中国与世界的日益融合，产业资本与金融资本快速融合的背景下，中国专业服务业企业要面对的可能是一场飓风海啸般的袭击。中国不得不走上国际化的道路，中国的专业服务业企业也无法避免，必须带着更加国际化的视野和胸襟来应对当今的局势与环境。坐井观天的结果是永远不能真正跟上时代的步伐。那些无规模、无精品，仅以提供千篇一律的低端服务、依靠价格竞争的专业服务业企业，将会越来越陷入“困境”并且很快会被淘汰；那些知识结构单一、老化、缺乏创新能力、缺乏发展意识的专业人员，将会越来越被“边缘化”。因此,中国本土专业服务业企业和专业服务人员理应审时度势，顺时应势，以历史进步的眼光、率先发展的果决、时不我待的勇气，认真思考和寻找自身的出路。要深刻理解企业自身的本质特性，特别注重人力资本的重要作用和地位；根据企业自身特点，完善激励与约束治理机制；优化企业治理模式，实现组织结构扁平化管理；加强职业道德建设，维护企业与行业公共声誉；构建企业文化制度，提升企业内在文化软实力。

一、理解企业本质特性，注重人力资本作用和地位

专业服务业企业之所以称为专业服务，也就意味着企业的专业人员在服务过程中必须借助于专业知识、技能与经验，不具备这些执业技能，就不能很好地完成客户的委托业务。事实上，如果缺乏足够的知识、技能和经验而提供专业服务，就构成了一种欺诈。由于专业服务业企业是人力资本组成的关键性资源进行权力交易的黏性组织，具有“人合”的特殊性，因此，中国本土专业服务业企业在治理过程中应深刻理解企业自身的本质特性，特别注重人力资本的重要作用和地位。一方面要建立“人尽其才”的用人机制，用战略的眼光看待企业人力资本，把人力资本视为

企业生存和发展的根基。构建育才、引才、聚才、用才的良好环境和用人制度；另一方面，要建立完善高效的人才培养机制，逐步提高专业服务业企业和专业从业人员的各种专业胜任能力、创新能力、开拓市场能力、管理能力等综合能力，在为社会和客户创造更大价值的同时实现自身价值的最大化。对于一些具有较大规模的本土专业服务业企业，还要加大高层次人才的培养，特别是培养能承担大型国际业务的"国际型"高级专业人才，为企业的做大做强，与外国专业服务业企业竞争创造人才条件。

特别是在人力资本的培养方面，专业服务业企业要建立起学习型人才建设模式来实现专业人员培训与知识更新的有效途径。在行业内和企业内部营造一种全身心投入并有能力负担学习，形成知识共享、创新学习的学习氛围，实现专业人员之间的知识共享、共同学习、创新学习，加速提升专业人员的成长进程，有效提高专业服务业企业的治理绩效。具体的措施可以采取以下几种方式。

第一，开展专业服务业企业系统的人力资源培训规划。专业服务业企业的人力资源培训不是一朝一夕的事情，是需要长期坚持进行的，因此专业服务业企业要对人力资源培训制订系统的规划。

第二，制定专业服务业企业正规的培训制度。专业服务业企业应该建立正规的培训制度，将企业专业人员的培训纳入绩效考核，作为业绩考评的参考指标。

第三，实现知识共享。通过建立学习网络、经验交流、座谈会等方式，实现专业服务业企业的专业人员知识共享，分享工作中的经验与心得。

第四，要在专业服务业企业的专业人员中，形成学习氛围与学习机制，让学习成为主导专业人员提高专业胜任能力的有效途径。这不仅要使专业人员内心形成主动学习的动力，而且专业服务业企业也要提供专业人员学习的良好环境，支持专业人员的学习。

第五，专业服务业企业不仅要强调专业服务业企业内部的互相学习，还要与外部智力机构如大学、研究所等加强联系，借助外部的知识来提高专业服务业企业专业人员的专业胜任能力。

二、结合企业自身特点，完善激励与约束治理机制

尽管跨国专业服务业企业有资金、技术等方面的优势，也在人才引进方面逐步转向本土化，但是由于中西方文化上的差异，跨国专业服务业企业很难在短期内把

握和理解中国人的行为和文化背景。中国本土专业服务业企业完全可以凭借自己对中国文化的深切理解，充分利用“知识溢出”效应，学习和借鉴成功经验，并根据自身特点，完善企业治理机制、治理模式以及相应的规章制度、质量控制体系、风险管理体系、操作准则和行为规范等配套支持体系。首先，要完善人才激励、约束以及保护治理机制。通过建立、修订并完善绩效考核制度、人事任免制度、考证制度、奖惩制度、晋升制度等激励措施，形成科学有效的企业治理机制，并通过利润分成、晋升或走人等治理机制，促进人力资本的专用性投资，约束人力资本的敲竹杠行为，同时，也保护企业的关键性人力资本，为实现企业的可持续发展提供基本的制度保障；其次，中国本土专业服务业企业应按照自身的企业定位和特点选择合适的治理模式，并根据“人合”的特性，选择合适的表决权分配方式，尽量避免“一股独霸”和“平均主义”的情况出现。在设立时一定要订立规范的章程或合伙协议。章程或合伙协议是规范股东、合伙人之间的权利和义务，以及作为企业规章制度的有法律效应的书面文件，对企业治理起规范、指导和约束作用。

完善与健全专业服务业企业的激励与约束治理机制，具体还需要考虑以下几个方面。

第一，薪酬机制既要能够体现员工的工作绩效，又要能激励员工的工作积极性。在设计薪酬制度时，可以从员工福利待遇、养老保险与医疗保险、住房补贴、股权激励等方面入手提高员工薪酬，而适度减少现金薪酬的发放。这样做，一方面可以提高员工的工作积极性，另一方面会增加员工的忠诚度，毕竟员工的福利待遇、养老保险与医疗保险尤其是股权激励等措施是与员工的工作年限有直接关联的。

第二，提高分配制度的透明性。为了促使专业人员能够在完成工作时勤勉尽责、保证服务质量，分配制度的合理性与透明度至关重要。行为管理学的公平理论显示，人的工作积极性不仅与个人实际报酬多少有关，而且与人们对报酬的分配是否感到公平更为密切。人们总会自觉或不自觉地将自己付出的劳动代价及其所得到的报酬与他人进行比较，并对公平与否做出判断，公平感直接影响职工的工作动机和行为。因此，分配制度的程序公平、透明度高，会激发员工的工作积极性。

第三，要强化非物质激励措施，尤其是精神激励和成就激励。行为管理学理论强调，物质激励并不是激发员工行为的唯一动机。马斯洛需求层次理论强调，情感与归属需求、尊重需求、自我实现需求也是激发员工工作积极性的有效动机。而根据复杂人假说，人既不单纯是“经济人”，也不单纯是“社会人”，更不单纯是“自我实现人”，而是复杂人，会根据外界环境的变化适时调整自己的需要。这就说明成就激励对员工的工作行为也有激励作用。专业服务业企业的专业人员都是知识分子，个人需要绝不仅仅限于物质利益，而是有多种需要的，因此专业服务业企业必须重视精神激励和成就激励，以保持专业人员的工作积极性。

第四，设置合理的人才退出机制。专业服务业企业是智力劳动密集型企业，其审计服务更涉及很多商业机密，专业人员退出专业服务业企业，常常会引起很多不必要的争端与冲突，因此设置合理的人才退出机制是专业服务业企业的重要内容。合理的人才退出机制一方面不能阻止人才的合理流动，另一方面要能保护专业服务业企业的商业利益与商业机密，防止专业人员的离职给企业带来不必要的损失。

三、优化企业治理模式，实现组织结构扁平化管理

专业服务业企业的本质特性决定了企业治理模式的不同。其所提供的服务不能被储藏，也很难提前体验的业务性质决定了专业服务业企业需要根据企业实际情况，不断优化企业的治理模式。除了有限责任的公司制治理模式外，可积极探索普通合伙、有限合伙以及特殊普通合伙等多种合伙制治理模式。有限责任的公司制是全体股东均以出资为限承担有限责任，普通合伙企业的合伙人均承担无限连带责任，有限合伙企业的合伙人承担有限连带责任，而特殊普通合伙存在两种承担不同责任的合伙人，执业合伙人对其因故意或者重大过失造成的合伙企业债务，应当承担无限责任或者无限连带责任，其他合伙人则以其在合伙企业中的财产份额为限承担责任。特殊普通合伙中谁应承担无限连带责任，谁应当承担有限责任，并未在合伙协议和注册登记文件中事先明确，只有合伙财产不足以清偿到期债务，债权人向合伙人追究个人责任时，才可能被确定。

另外，专业服务业企业的业务性质也决定了企业通常要实行项目管理制，管理层级相对较少，在工作中要拥有较大的工作自主权。由于专业服务业企业密集的知识蕴藏在每个专业人员中，他们往往具备同样适用于其他公司的稀有技能，具有较强的议价能力。他们也具有较强的自治偏好，不喜欢被指导、被监督，难以实施强硬的管理。因此专业服务业企业要实现组织结构的扁平化管理。扁平化管理将使整个组织变得灵活、敏捷、富有柔韧性、创造性。在管理的过程中，需要更多的引导、推动和劝说而不是命令。要更多地体现员工自治的特征，包括员工更多地参与企业层面的决策。组织程序上也显现出更少的正式规定，宽松的汇报关系，甚至是轮换管理(有限的管理位置由高级雇员中轮流担任）等非正式特征。

为了让专业服务业企业更好地优化企业治理模式，中国政府在近几年也相继出台了不少的政策和措施，鼓励专业服务业企业实行改制、重组、并购等。如2010年7月份印发的《财政部、工商总局关于推动大中型会计师事务所采用特殊普通合伙组织形式的暂行规定》要求中国本土大型会计师事务所于2010年12月31日前转制为特殊普通合伙制；鼓励中型会计师事务所于2011年12月31日前转制为特殊普通合伙制等。而随着信息技术的飞速发展，信息处理的自动化程度达到了较高水平，企业组织结构的扁平化管理在技术上日益成熟。中国专业服务业企业应该有效借助网络信息支撑，压缩管理层次，加大管理幅度，优化工作流程，使得企业组织结构轻便高效，信息交流传递顺畅，决策反应机制快捷，资源配置优化合理，企业管理科学规范，并最终增强企业核心竞争力和综合实力。

四、加强职业道德建设，维护企业与行业公共声誉

专业服务基于密集的知识而产生，客户与专业服务业企业在专业知识上显示出较明显的不对称，这导致非专业人士（客户）难以对专业服务的质量进行评价，甚至在专业服务已经生产、交付并实现服务效果后依然如此。这一特性导致专业服务业向市场展示质量的方式有明显的差异。专业服务业通常需要遵循明确的道德规范来保护客户的利益。同时，专业服务业企业也需要重视通过企业声誉传递服务质量，加强专业服务业企业执业的职业道德建设，可以从以下几个方面入手。

第一，广泛开展执业诚信和职业道德教育。开展诚信教育和职业道德教育是将职业道德规范转化为执业内在品质和行为的有效途径。强化道德教育必须以对专业服务业企业负责人的培训为切入点，使其以身作则，并以其良好形象、典范行为带动员工，从而提高执业道德水准。此外，要加强正面典型的宣传教育和舆论引导，形成诚信风尚。

第二，加强执业的责任意识与服务意识。执业的责任包括对社会公众的责任、对客户的责任、对同行的责任。由于专业服务业中很多企业提供的服务产品是公共品，涉及众多公众的利益问题，因而没有对社会公众负责的责任意识，不仅是不负责任，更是侵犯公众利益。对客户的责任既包括忠实代表客户的利益，又包括保守客户的商业机密，使客户得到优质服务。而对同行的责任则意味着维持专业服务业企业行业整体利益，公平竞争，不做损害同行之事。

第三，加强执业专业技能建设，提高服务水平。执业是依靠智力劳动来为客户

服务的，在服务过程中必须借助专业知识、技能与经验，不具备这些执业技能，就不能很好地完成客户的委托业务。事实上，如果缺乏足够的知识、技能和经验提供专业服务，就构成了一种欺诈。因此，执业必须把不断提高自身专业知识与技能作为自己最基本的准则之一，必须清醒认识到自己在专业胜任能力方面的不足，不承接自己不能胜任的业务。

声誉是专业服务行业的安身立命之本和长远发展之基，是专业服务业企业品牌形象的核心。良好的声誉不光能吸引资金和精英人才，而且口碑好的企业可以从老顾客那里得到更多的利润，吸引好的发展策略和商业合作伙伴，让公众确信企业行为合乎规范。对于中国本土专业服务业企业来说，重视行业和企业声誉就是重视企业的灵魂。首先，各本土专业服务业企业要从自身做起，引导企业员工树立正确的价值取向，建立健全企业信用评估机制和员工诚信档案，对失信于客户和企业的员工予以严惩，净化执业环境；其次，要倡导合作精神、全局意识、责任意识，勇于承担行业和社会责任，这对未来的员工而言是一个重要的行业形象特征，而对现有的员工而言是个强大的动力源泉，良好的企业责任记录不仅仅是应急的“创可贴”，它还是优秀企业能永葆青春的秘方；再次，要构建积极向上的企业文化，不断提高企业员工的专业服务质量和意识，在信奉“专业至上”的专业文化中导入新的“客户至上”的理念，懂得用现代营销的思想和实践来武装自己，用系统的营销战略和方法来推广自己，用高水平的营销专业手段来打造新的品牌形象，并重视与客户关系的培育和管理。强化“人合、事合、心合、志合”的企业理念，努力维护企业和行业的公共声誉。

五、构建企业文化制度，提升企业内在文化软实力

专业服务业企业的治理与企业负责人（或合伙人）、专业人员的文化背景息息相关。中国本土专业服务业企业的员工绝大多数生长在中国。因此专业服务业企业的企业文化制度不能只是舶来品，而是对传统文化精髓的提炼和总结。中国专业服务业企业的企业文化建设必须建立在中国精深的传统文化基础之上，其根本出路是将现代科学理论与中国传统文化的“合理内核”有机地结合起来。充分利用本土企业文化同根同源的优势，科学定位客户群，与跨国专业服务业企业展开差异化竞争，突出某一业务或领域的专长，展现企业的独特形象，争取行业和社会的认同感，获得行业中的竞争优势和品牌优势。

培植硬实力，塑造软实力，是企业打造核心竞争力的不二法门。构建中国专业服务业企业的企业文化制度最深厚的根基就是中国传统民族文化。具体的实施路径主要体现在以下几个方面。

一是坚持以人为本的价值取向。以人为本是中国民族思想的继承和发展。中国现代企业制度要吸收儒家文化传统，坚持以人为本，对职工讲仁爱关怀。重视人际之间情感的交流和情感型的管理，成为企业文化民族化的突出表现。

二是树立合作竞争的“双赢”竞争理念。市场经济是竞争经济也是协作经济，即合作竞争，实现“双赢”。“双赢”模式是中国传统“和”文化的继承和发展。实践证明，和谐与竞争的统一是企业经营的最高境界。中国专业服务业企业要继承和发展中国“和”文化，正确处理竞争与合作的关系，树立“双赢”的竞争理念。

三是发扬自强不息的进取精神。中华民族素来有自强不息的进取精神。在古老的《周易》中就有“天行健，君子以自强不息”、“苟日新，日日新，又日新”的宝贵箴言，这是对中华民族刚健有为、自强不息精神的集中概括和生动写照。发扬自强不息的精神，将充分调动员工的积极性、自主性和创造性，增强组织的向心力和凝聚力，使整个组织充满活力地向前发展。

四是秉承诚实守信的职业道德。社会主义市场经济实质上是一种信任经济。在中国传统文化中，儒家文化倡导“仁、义、礼、智、信”为做人的基本准则。培育中国现代企业精神，要充分发扬和借鉴国人诚实守信的传统，把诚信作为企业精神和企业文化的重要内容贯穿始终。

五是强化敬业乐群的团队意识。中华文化和西方文化的一个显著区别就是特别强调群体意识和团体主义精神。建设中国现代企业文化，要继承和发扬中华民族文化强调勤劳敬业精神、整体为上的集体主义道德，强化敬业乐群的团队意识，创造出一种共同的价值观念，发挥出企业的集体主义精神。

六是胸怀“以天下为己任”的社会责任感。要发扬“先天下之忧而忧，后天下之乐而乐”的中国知识分子的传统美德，把发展现代企业同振兴中华民族联系起来。建立基于中国优秀传统文化的企业文化，必将对中国专业服务业企业的管理制度、执业人员的职业道德、专业服务业企业的企业形象、与其他利益主体的公共关系等各方面产生深远的影响。

第十章 结论与研究展望

一、结论

随着知识经济时代的到来，专业服务业企业迅速兴起，并成为知识经济时代的重要企业形式。专业服务业企业在快速发展的同时，影响力也日益深远，逐渐成为各国经济增长的动力源。与传统工业企业相比，专业服务业企业更加突出专业服务高度的客户定制性和员工与客户的面对面互动（Maister，1993）。这降低了物质资本的重要性，并提升了人力资本的重要性。人力资本逐渐取代物质资本成为了企业价值创造的重要乃至主要源泉，从而深刻地改变了企业进行商业活动、组织工作和结构的方式（Sang-Woo Nam，2003）。这种变化，导致企业的本质及诸如企业权力、企业边界等相关问题发生重大变化，并进而导致企业治理等问题也发生重大变化，这迫使我们重新思考那些曾经视为理所当然的东西。

专业服务业企业具有人力资本成为企业的关键性资源、绩效考核与管理趋于复杂化以及企业对声誉的依赖程度增强等不同于传统工业企业的特性差异。这些差异源于专业服务业企业由人力资本组成的关键性资源进行权力交易的黏性组织的本质。其中，权力可以定义为对关键性人力资本的控制权，交易各方通过拥有权力来维护自身利益；权力不仅来源于专业化，也可能来自于专用化或者其他。随着专业服务业企业逐渐成为人力资本高度密集的扁平化组织，企业对人力资本的控制力也将不断下降，企业的经济边界也将不等同于其法律边界，并且可能更适合解释专业服务业企业的边界问题。

专业服务业企业本质的变化也将改变其治理目标和机制。由于传统工业企业的关键性资源主要是物质资本，可以通过产权实现权力与利益的界定、控制和分配，企业治理目标和机制是以产权为基础和中心来进行研究的；但对于专业服务业企业，由于人力资本成为了其关键性资源，在禁止奴隶制条件下，无法对人力资本加以直接控制，企业很难通过产权实现治理。基于专业服务业企业作为由人力资本组成的关键性资源进行权力交易的黏性组织，本书认为，专业服务业企业的治理目标应该是为关键性人力资本的利益服务，其治理目标的内容在于维护专业服务业企业内创造价值的关键性资源的完整性，也即关键性人力资本的完整性，并通过权力的合理交易来激励人力资本的投资以及有效保护关键性人力资本。相应的治理机制采用利润分成和晋升走人等机制更为有效。

基于专业服务业企业特性及本质的差异，本书还对专业服务业企业的治理模式进行了探讨。通过选择合伙制和公司制作为治理模式的切入点，通过选取美国 2003 年至 2010 年前 100 强会计专业服务业企业数据对相关假说进行了验证，结果表明，资本需求越大，经营风险越高，组织规模越大，员工异质性越高，企业越趋向于采用公司制治理模式；而服务业务的标准化程度与企业治理模式间的关系尚不确定，有待进一步研究。

理论用于指导实践。通过对专业服务业企业治理理论研究，探讨中国本土专业服务业企业的治理实践和出路是本书不可或缺的组成部分。快速发展的专业服务市场为中国本土专业服务业企业带来了巨大的机会。虽然经过十几年的发展，但中国本土专业服务业企业尚处于发展初期，现实表现为：发展规模和实力与外国竞争对手不成比例；服务质量和意识，营销和管理水平堪为人忧；固守传统经营思路，自身市场定位不清；风险防范意识和抵抗风险能力较低。而在暴露的诸多弱点和问题中，以企业治理方面存在的隐忧尤为突出，这些隐忧具体体现在：未能充分认识专业服务业企业的本质特征，尚未建立健全良好的激励与约束治理机制，缺乏自由选择治理模式的空间和配套支持等方面。针对这些现状及隐忧，中国本土专业服务业企业必须深刻理解企业自身的本质特性，特别注重人力资本的重要作用和地位；根据企业自身特点，完善激励与约束治理机制；优化企业治理模式，实现组织结构扁平化管理；加强职业道德建设，维护企业与行业公共声誉；构建企业文化制度，提升企业内在文化软实力。

二、研究展望

随着中国的经济高速增长，中国专业服务市场和中国专业服务业也在迅速成长，这为跨国专业服务业企业以及中国本土专业服务业企业带来了巨大的商机。尽管当前国内学者们的研究大多还处于服务业等宏观层面，但笔者相信，从微观层面研究诸如专业服务业企业的治理等问题在不久的将来会成为经济学研究的热点。本书虽在该方面进行了一些尝试性的探索，但鉴于笔者的水平有限，论文中还存在许多不足和值得继续研究的问题。具体来说，本书认为下列问题仍有待进一步深入探讨。

首先，在研究专业服务业企业的特性和企业本质及扩展问题时，本书对于专业服务业企业的特性、本质、权力和边界等问题的分析，仅从概念剖析层面开展，未能将这些问题模型化，用更规范的方法证明和检验。专业服务业企业有着不同于传统工业企业的显著特征，但这些特征是否以及如何对专业服务业企业绩效产生影响？影响绩效的因素存在哪些系统性的差异？这些问题都有待进一步研究。

其次，在对专业服务业企业治理目标和机制研究时，本书从所有企业中始终是代表企业物质资本行使权力的投资者或者股东与代表企业人力资本行使权力的员工之间进行权力交易的博弈这一角度入手，将有关企业治理目标的讨论有效地整合在同一层面，并探讨相应的企业治理机制问题。但在研究方法上，只是采用了简单的逻辑推论与数理模型构建，缺乏有效的实证检验。对于该问题的研究还有很多的工作要做。

再次，在进行专业服务业企业治理模式的实证研究时，本书所采用美国会计专业服务业企业的相关数据进行实证研究，研究样本无论是在样本数量上，还是在样本的代表性方面都还具有一定的局限性；研究变量也存在一定的改进空间；对非经济因素的影响也需要更加全面的加以考虑。这些不足之处，还有待在下一步研究中改进。

最后，专业服务业发展中的新情况、新问题、新趋势值得关注和思考。比如专业服务业企业为何会热衷于认证与协会活动？作为“经济警察”和“介质”的专业服务业企业在监督和规范其他企业的同时，如何实现其自身的监管和规范？这一系列的问题都与专业服务业企业的本质以及治理相关。对这些问题的研究可谓是一片蓝海，有着巨大的空间和价值。对有些问题加以归纳总结并上升到理论的高度进行研究将是笔者未来的工作重点。

专栏 4：专业服务业企业发展中的新情况

大家都知道专业服务业企业内部有许多认证与协会，比如会计师从业人员要有会计师证或者注册会计师证，律师要有律师证，房地产评估师也要有评估证；在协会方面，会计师有会计师协会，律师有律师协会，广告公司有 4A 组织。这种情况，在其他的一些行业和企业之间，也普遍存在。比如钢铁协会、房地产协会之类。但大多这些协会形同虚设，甚至成为少数人进行寻租的工具和平台。比如，笔者所在的公司作为广东省房地产协会的理事单位，只有在每年收到缴纳会员费的催款通知单的时候，大家才会想起，原来我们公司还是理事单位。至于我们个人，笔者自从2006年通过国家经济师考试后，领回的那本绿色证书一直都躺在抽屉里,从来没有派上过用场。但与专业服务企业接触后，笔者发现情况完全不同。这些专业人员，他们总是在不断地考试，不断地拿证。以房地产专业服务企业为例，他们绝大部分的人持有多项资格认证证书，如建造师证、房地产评估师证、资产评估师证、土地评估师证、房地产经纪人证、房地产策划师证、物业管理师证等；这些证件大都有年限限制，且拿证后需要继续教育。协会也会定期或不定期的召开会议，举行活动。如广告设计协会，他们每年都要举行会员单位或个人优秀作品评选和展览活动；律师协会和会计师协会定期召开研讨会和培训活动。他们也非常热衷于以个人名义或者所在企业名义参加协会组织的会议和活动，企业也舍得大手笔的主办、协办甚至赞助这些会议和活动。

虽然有些专业服务业企业非常注重公司形象，但在利益面前，他们与其他企业一样唯利是图。有时，正是由于他们拥有掌握专业知识的人力资本，一些做法更具隐蔽性。其中，有两个例子很能说明问题。一个是笔者同事所讲述的，有些专业设计服务业企业为了维护其与部分产品供应商的关系和利益，在项目的深化设计阶段，会将项目的设计参数指标尽可能地与该供应商的产品匹配，以提高该供应商的中标概率，有时尽管该厂商的报价比其他厂商的要贵出很多，但由于在技术上，其产品最适合设计指标，也只能买该厂商的设备。另一个案例发生在与我们项目相邻的一个工地，有人反映施工单位在项目人工挖孔桩工程和主体施工的过程中存在偷工减料、未按图施工、虚报工程量等问题；但施工单位通过各种手段打通工程监理、工料测量环节，让这些专业服务业企业的工作人员签字、开具结算清单，使得业主无法察觉，只能照清单付款。上述问题还只能算是冰山一角。通过相关报道，我们不难发现，一些专业服务业企业的案件会让我们震惊。以安达信会计师事务所为例，曾几何时，该所风光无限。这家创立于1913年的会计师事务所经历了近1个世纪的发展，赢得全球最富进取精神的声誉。在2002年初，其在全球范围雇佣了85000位员工，年收入高达9.3亿美元。但是，转瞬之间，这家最有声望的会计师事务所就分崩离析了。由于涉案安然公司财务丑闻，安达信被迫支付6千万美元赔偿金补偿原告，这次沉重的民事诉讼导致9月1日安达信彻底从会计行业消失。

附　录

附录 1：广东利通置业投资有限公司之合作专业服务业企业一览表

建筑设计（Architect）：Murphy/Jahn, Inc.

国内设计（Local Design Institute）：华南理工大学建筑设计研究院（Architecture Design and Research Institute of South China University of Technology）

结构顾问（Structural Engineer）：Magnusson Klemencic Associates

幕墙顾问（Facade Consultant）：ALT Cladding & Design, lnc.
GMS Consultants Pty. Ltd.

灯光顾问（Lighting Consultant）：Brandston Partnership lnc.

景观顾问（Landscape Consultant）：Rainer Schmidt Landscape Architects

机电顾问（Building Services Engineer）：J. Roger Preston Limited.

市场顾问（Marketing Consultant）：戴德梁行（Debenham Tie Leung）
高力国际（Colliers Internatienal）
中地行（China Land）

开发顾问（Property Consultant）：仲量联行（Jones Lang Lasalle）

工料测量师（Quantity Surveryors）：利比建筑工料测量师有限公司（Levett and Bailey Quantity Surveyors Ltd.）
务腾（香港）有限公司（WT Partnership（HK）Limited）

工程监理公司（Supervision Company）：广州珠江监理有限公司（Guongzhou Pearl River Entineering Construction Supervision CO. Ltd.）

总承包商（General Contractor）：中国建筑第八工程局有限公司（China Construction Eight Engineering Division Corporation Ltd.）

合约法律顾问（Contract Consultant）：国信联合律师事务所（Goldsun Law Firm）

财务顾问（Accounting Consultant）：毕马威华振会计师事务所（KPMG）

形象顾问（Image Consultant）：澳洲凯图平面设计公司（Cato Purnell Partners）

附录 2：《今日会计》2010 年美国会计师事务所前 100 强（表 1）

THE 2010 accountingTODAY TOP 100 FIRMS

RANK 10	RANK 09	Firm	Headquarters	Chief executive	Year end	REVENUE $ mn.	REVENUE % chg.	Offices	Partners	% chg.	PERSONNEL Professionals	% chg.	Total emps.	% chg.	FEE SPLIT (in percent) A&A	Tax	MAS	Other
1	1	Deloitte & Touche §	New York City	Barry Salzberg	May	10,722.00	-2.90	102	2,968	0.88	30,637	-4.64	42,367	-4.53	37	24	34	5
2	2	Ernst & Young §	New York City	James Turley	June	7,620.00	-5.63	80	2,500	8.70	17,500	-6.91	25,600	-5.88	41	33	23	3
3	3	PricewaterhouseCoopers [1]	New York City	Robert Moritz	June	7,369.44	-2.76	76	2,235	1.68	22,729	2.85	31,681	2.47	54	31	0	15
4	4	KPMG § [2]	New York City	Timothy Flynn	Sept	5,076.00	-10.62	88	1,847	1.60	15,803	-4.59	22,960	-3.99	48	27	25	0
5	5	RSM / McGladrey & Pullen [3]	Bloomington, Minn.	C.Andrews/D.Scudder	April	1,460.72	-0.47	93	751	1.76	5,331	-1.48	7,755	-0.27	44	35	20	1
6	6	Grant Thornton	Chicago	Stephen Chipman	Dec	1,147.81	-5.17	52	535	-4.29	3,700	-8.01	5,414	-7.29	47	26	27	0
7	7	BDO [4]	Chicago	Jack Weisbaum	June	620.00	-5.92	37	273	2.63	1,849	-13.60	2,712	-10.20	60	25	15	0
8	8	CBIZ/Mayer Hoffman McCann † [5]	Cleveland	D. Sibits/B. Hancock	Dec	600.66	8.60	180	465	32.48	2,085	-8.43	4,580	-12.66	23	27	50	0
9	9	Crowe Horwath	Oak Brook Terrace, Ill.	Charles Allen	March	508.00	3.04	25	240	9.09	1,636	6.93	2,428	5.89	65	22	13	0
10	10	BKD	Springfield, Mo.	Neal Spencer	May	393.00	9.78	31	258	12.17	1,256	-5.06	1,891	-1.82	52	30	18	0
11	11	Moss Adams	Seattle	Rick Anderson	Dec	323.00	-3.87	18	240	-4.00	1,130	-12.61	1,762	-11.37	49	34	17	0
12	12	Plante & Moran	Southfield, Mich.	Gordon Krater	June	301.20	3.19	18	221	7.28	1,108	10.25	1,686	7.66	50	32	18	0
13	17	Baker Tilly Virchow Krause [6]	Chicago	Timothy Christen	May	260.00	20.37	11	108	14.89	1,148	9.23	1,370	10.84	37	33	25	5
14	14	Clifton Gunderson	Milwaukee	Krista McMasters	May	251.00	1.21	40	198	-4.81	1,381	-2.54	1,737	-4.35	48	25	27	0
15	15	J.H. Cohn*	Roseland, N.J.	Thomas Marino	Jan	235.00	-4.08	11	153	2.00	635	-32.23	1,037	-22.15	54	28	1	17
16	13	UHY Advisors* [7]	Chicago	R. Stein/A. Frabotta	Dec	234.40	-7.35	17	124	-6.06	763	-7.18	1,163	-6.81	35	37	23	5
17	20	Marcum [8]	Melville, N.Y.	Jeffrey Weiner	Dec	233.75	28.04	17	143	32.41	569	-12.46	940	2.40	40	30	25	5
18	19	LarsonAllen	Minneapolis	Gordy Viere	Oct	218.00	8.46	18	125	7.76	952	1.28	1,332	1.22	45	34	20	1
19	18	Dixon Hughes	High Point, N.C.	Ken Hughes	Dec	200.00	-3.38	21	134	-2.19	758	-0.26	1,109	-1.60	42	33	25	0
20	16	Reznick Group	Bethesda, Md.	Kenneth Baggett	Sept	189.60	-13.64	10	104	-2.80	813	-16.36	1,157	-13.27	55	27	17	1
21	NR	ParenteBeard*	Philadelphia	Robert Ciaruffoli	Dec	172.30	131.90	25	166	167.74	737	102.47	1,119	109.55	57	26	17	0
22	21	Rothstein, Kass & Co.*	Roseland, N.J.	S. Kass/H. Altman	Dec	169.50	0.59	8	68	1.49	673	-9.30	840	-8.99	68	29	2	1
23	24	Eide Bailly	Fargo, N.D.	Jerry Topp	April	142.30	20.62	19	94	17.50	874	39.17	1,235	30.83	44	35	7	14
24	23	Eisner	New York City	Charles Weinstein	Jan	133.25	7.92	3	81	12.50	358	2.29	532	4.72	56	33	11	0
25	22	Weiser*	New York City	Douglas Phillips	Dec	128.00	-1.54	5	96	5.49	398	1.53	609	1.00	55	35	10	0
26	29	Amper, Politziner & Mattia	Edison, N.J.	Howard Cohen	March	119.90	36.62	7	61	41.86	485	24.36	670	27.86	59	23	18	0
27	25	Wipfli	Milwaukee	Rick Dreher	May	114.69	7.45	15	107	7.00	517	6.82	798	5.42	40	31	29	0
28	30	Cherry, Bekaert & Holland	Richmond, Va.	Howard Kies	April	98.58	13.77	14	46	4.55	459	1.32	643	3.21	60	32	8	0
29	26	Anchin, Block & Anchin	New York City	Frank Schettino	Sept	97.00	NC	1	52	NC	267	0.38	393	-0.51	44	43	13	0

Key and notes: *Last year's rankings have been revised based on 2008 revenue provided by firms. Some firms' rankings will therefore differ from those reported last year.* * *Firm estimate* † Accounting Today *estimate* § *Gross revenue* NC *No change* NA *Not available/applicable* NR *Not ranked* 1 *Fee split: "Other" includes advisory line of services and statutorily wholly owned subsidiaries.* 2 *Office figures are business offices, not all physical locations.* 3 *RSM McGladrey and McGladrey & Pullen have an alternative practice structure in which each is a separate and independent legal entity. RSM is not a licensed CPA firm.* 4 *Changed name from BDO Seidman* 5 *Revenue figures are AT estimates; all other figures are firm-supplied. CBIZ and Mayer Hoffman McCann are associated through an alternative practice structure. Figures do not reflect merger with Goldstein Lewin. (See Top 100 Highlights, page 20.)* 6 *Changed name from Virchow Krause* 7 *UHY Advisors and UHY LLP are affiliated through an alternative practice structure.* 8 *Changed name from Marcum & Kliegman*

附录 2: 《今日会计》2010 年美国会计师事务所前 100 强（表 2）

RANK 10	09	Firm	Headquarters	Chief executive	Year end	REVENUE $ mn.	% chg.	Off-ices	PERSONNEL Part-ners	% chg.	Profes-sionals	% chg.	Total emps.	% chg.	FEE SPLIT (in percent) A&A	Tax	MAS	Other
30	31	Goodman & Co.	Virginia Beach, Va.	Thomas Wilson	June	88.00	2.33	10	83	3.75	401	3.62	609	4.10	45	40	15	0
31	27	Berdon	New York City	Stanley Freundlich	Dec	88.00	-7.37	2	45	NC	335	-8.22	409	-7.26	32	38	30	0
32	32	Citrin Cooperman & Co.	New York City	Joel Cooperman	Dec	85.00	5.59	5	80	5.26	211	-3.21	342	0.59	50	32	9	9
33	28	Marks Paneth & Shron*	New York City	M. Levenfus/A. Cannata	Dec	85.00	-5.56	3	68	NC	312	2.19	476	-2.26	63	27	3	7
34	33	Carr, Riggs & Ingram	Enterprise, Ala.	William Carr	Sept	83.53	7.53	14	78	27.87	377	15.29	527	15.82	60	35	5	0
35	37	Rehmann	Saginaw, Mich.	Steven Kelly	Dec	73.00	9.77	11	48	11.63	400	5.54	548	-1.79	39	31	12	18
36	35	WithumSmith+Brown	Princeton, N.J.	William Hagaman Jr.	June	72.01	2.74	11	30	15.38	275	4.96	370	4.82	48	39	7	6
37	43	Burr, Pilger & Mayer Inc.	San Francisco	Stephen Mayer	Dec	68.45	18.63	6	47	4.44	263	-7.72	400	1.27	40	41	15	4
38	58	Kearney & Co.	Alexandria, Va.	Ed Kearney	Dec	66.09	37.60	3	13	8.33	223	23.89	383	7.28	71	0	29	0
39	34	Armanino McKenna	San Ramon, Calif.	Andy Armanino	Dec	65.38	-10.77	3	34	13.33	186	-20.85	250	-16.67	39	37	24	0
40	38	Schenck Business Solutions	Appleton, Wis.	William Goodman	Sept	64.50	1.98	9	64	8.47	341	-3.94	504	-1.75	38	39	18	5
41	39	Morrison, Brown, Argiz & Farra	Miami	Antonio Argiz	June	64.20	6.64	5	18	20.00	218	7.39	285	7.55	33	31	28	8
42	36	Caturano & Co.* 9	Boston	Richard Caturano	June	61.80	-7.90	1	32	-8.57	279	10.28	387	3.20	42	26	32	0
43	45	Aronson & Co.	Rockville, Md.	Lisa Cines	May	61.40	7.47	1	27	28.57	144	-20.00	209	-15.04	49	28	13	10
44	41	Friedman	New York City	Bruce Madnick	Dec	60.00	1.69	3	40	-4.76	203	-7.31	279	-6.06	67	31	2	0
45	47	Novogradac & Co.*	San Francisco	Michael Novogradac	Dec	59.42	8.02	12	27	3.85	222	-9.39	295	-7.52	56	24	9	11
46	44	SS&G Financial Services Inc.	Cleveland	Gary Shamis	Dec	59.40	2.95	8	24	9.09	328	-1.80	391	-0.76	29	35	14	22
47	40	Habif, Arogeti & Wynne	Atlanta	Joseph Simms	Dec	59.01	-0.12	2	34	-2.86	219	-4.78	300	-4.76	50	36	7	7
48	48	Horne	Ridgeland, Miss.	Hugh Parker	Dec	58.90	9.18	12	26	8.33	353	13.87	507	10.70	46	19	20	15
49	54	Weaver 10	Fort Worth, Texas	Tommy Lawler	May	58.10	14.39	5	34	30.77	304	31.60	404	27.85	43	37	15	5
50	42	Holthouse Carlin & Van Trigt	Santa Monica, Calif.	Philip Holthouse	Dec	58.00	-1.56	7	27	12.50	164	-12.30	248	-7.12	22	67	0	11
51	49	Ehrhardt Keefe Steiner & Hottman	Denver	Robert Hottman	Sept	55.36	4.83	3	26	4.00	281	10.63	380	8.88	54	36	10	0
52	46	Lattimore, Black, Morgan & Cain	Brentwood, Tenn.	D. Morgan/RM Cain	Dec	55.36	-2.47	3	44	-4.35	263	3.95	370	0.27	25	39	15	21
53	57	Elliott Davis	Greenville, S.C.	Richard Davis	June	53.94	10.87	11	47	NC	267	8.10	390	7.14	47	37	10	6
54	50	RubinBrown	St. Louis	John Herber	May	53.67	2.48	2	24	NC	241	-4.37	316	-3.36	46	35	19	0
55	51	Schneider Downs	Pittsburgh	Raymond Buehler Jr.	June	52.42	1.08	2	34	6.25	286	-1.38	352	-1.40	45	35	20	0
56	63	O'Connor Davies Munns & Dobbins	New York City	Kevin Keane	Dec	50.60	13.71	5	39	2.63	230	4.55	296	4.59	70	23	7	0
57	64	Sikich	Aurora, Ill.	James Sikich	Dec	50.40	14.81	10	40	5.26	253	9.05	330	8.20	40	15	40	5
58	NR	Frazer Frost	Brea, Calif.	D.Yamagata/D.Peregrin	Dec	50.00	6.38	6	23	-4.17	177	-0.56	248	-1.98	46	23	5	26
59	53	Blackman Kallick	Chicago	Steven Schneider	Dec	49.13	-3.57	1	33	-2.94	163	-11.89	241	-8.71	44	45	11	0
60	59	SVA CPAs 11	Madison, Wis.	Jack Cotton	May	48.87	3.54	5	29	7.41	164	-2.38	412	-1.90	18	20	15	47
61	62	Katz, Sapper & Miller*	Indianapolis	David Resnick	Dec	48.00	7.87	1	35	NC	172	-5.49	254	-3.05	30	42	24	4
62	52	SC&H Group Inc.	Sparks, Md.	Thomas Stout	Dec	47.84	-6.18	3	18	28.57	208	1.46	264	2.72	17	51	32	0
63	56	Kaufman, Rossin & Co.	Miami	James Kaufman	May	46.96	-4.05	4	35	9.38	168	-12.50	260	-10.34	34	23	3	40
64	60	Frank, Rimerman & Co.	Palo Alto, Calif.	Bryan Polster	May	46.80	-0.72	4	17	NC	184	13.58	216	10.77	26	59	14	1
65	61	Padgett Business Services *f*	Athens, Ga.	Steve Rafsky	May	46.67	3.90	311	304	7.42	NA	NA	761	5.99	70	30	0	0

Notes: * *Firm estimate* *f* Franchise. Data may include franchisees. 9 *Changed name from Vitale Caturano* 10 *Changed name from Weaver & Tidwell* 11 *Changed name from Suby Von Haden*

附录 2：《今日会计》2010 年美国会计师事务所前 100 强（表 3）

RANK 10	09	Firm	Headquarters	Chief executive	Year end	REVENUE $ mn.	% chg.	Offices	PERSONNEL Partners	% chg.	Professionals	% chg.	Total emps.	% chg.	FEE SPLIT (in percent) A&A	Tax	MAS	Other
66	55	Hein & Associates	Denver	Larry Unruh	Dec	45.90	-9.47	4	30	7.14	176	-12.44	241	-13.31	53	38	5	4
67	68	Blum, Shapiro & Co.	West Hartford, Conn.	Carl Johnson	Dec	45.00	8.43	3	40	17.65	197	23.13	288	18.52	52	30	4	14
68	70	Watkins Meegan 12	Bethesda, Md.	Michael Micholas	Dec	44.50	8.54	4	19	11.76	170	-5.56	205	-4.65	24	25	51	0
69	69	Argy, Wiltse & Robinson*	McLean, Va.	Paul Argy	Dec	44.00	7.32	3	27	12.50	160	5.96	223	3.24	41	48	10	1
70	67	Clark, Schaefer, Hackett & Co.	Middletown, Ohio	Carl Coburn	June	42.96	2.29	6	24	NC	198	2.06	276	2.99	50	37	2	11
71	78	The Bonadio Group*	Pittsford, N.Y.	Thomas Bonadio	April	42.50	15.80	6	37	2.78	218	14.74	317	10.84	58	24	5	13
72	85	Rosen Seymour Shapss Martin & Co.	New York City	Martin Greenberg	Dec	42.10	26.81	2	24	-4.00	149	19.20	200	12.99	53	42	5	0
73	74	Blue & Co.13	Carmel, Ind.	Douglas Hasler	Dec	42.00	9.09	6	23	NC	147	-8.13	216	-4.85	24	15	61	0
74	65	Hill, Barth & King	Boardman, Ohio	Chris Allegretti	Aug	42.00	-2.33	14	36	2.86	192	2.67	293	0.69	32	39	10	19
75	77	LeMaster & Daniels	Spokane, Wash.	Scott Dietzen	May	41.73	12.78	12	27	NC	193	12.21	287	12.11	28	51	7	14
76	71	Joseph Decosimo & Co.	Chattanooga, Tenn.	Nick Decosimo	Dec	40.94	1.51	7	29	-3.33	180	-2.17	269	-6.27	47	42	6	5
77	66	Margolin, Winer & Evens	Garden City, N.Y.	Teddy Selinger	Dec	40.00	-5.88	2	27	NC	170	-5.56	216	-4.85	60	30	10	0
78	81	Warren, Averett, Kimbrough & Marino†	Birmingham, Ala.	James Warren	June	38.85	10.68	3	42	23.53	130	4.00	250	17.92	42	31	14	13
79	73	Lurie Besikof Lapidus & Co.	Minneapolis	Beth Kieffer Leonard	April	37.50	-3.85	1	16	-5.88	100	-15.25	150	-13.79	40	32	15	13
80	80	Mohler, Nixon & Williams	Campbell, Calif.	Leinani Nakamura	June	37.00	4.43	3	24	4.35	120	5.26	179	2.87	44	49	1	6
81	79	Berkowitz Dick Pollack & Brant	Miami	Richard Berkowitz	Dec	36.65	2.17	3	18	NC	86	-14.00	150	-13.79	16	38	4	42
82	76	SingerLewak*	Los Angeles	David Krajanowski	Dec	36.50	-1.88	6	30	3.45	150	-3.85	218	-3.54	55	28	5	12
83	84	Nigro Karlin Segal & Feldstein	Los Angeles	Mickey Segal	Dec	36.15	4.21	2	20	NC	175	6.06	220	2.33	0	15	0	85
84	72	Doeren Mayhew	Troy, Mich.	Mark Crawford	Sept	36.09	-8.10	1	21	5.00	126	-2.33	173	-9.90	46	28	11	15
85	92	Postlethwaithe & Netterville	Baton Rouge, La.	William Balhoff	April	35.34	9.38	9	25	NC	203	NA	273	8.76	44	19	18	19
86	83	RGL Forensics* 14	Denver	Paul Brunner	Dec	35.10	1.15	16	28	16.67	131	7.38	201	9.84	0	0	0	100
87	75	Holtz Rubenstein Reminick	Melville, N.Y.	Francis Candia	Sept	34.80	-6.95	2	20	17.65	131	-7.09	189	-3.57	45	42	3	10
88	89	Freed Maxick & Battaglia*	Buffalo, N.Y.	Robert Glaser	April	34.70	6.77	3	32	NC	205	NC	275	-0.36	39	40	8	13
89	88	CCR	Westborough, Mass.	David Platt	Dec	34.00	4.62	5	36	16.13	165	19.57	243	18.54	49	45	6	0
90	82	Squar Milner	Newport Beach, Calif.	Stephen Milner	Dec	34.00	-2.86	3	16	-11.11	113	-20.42	160	-20.00	42	45	0	13
91	96	Raffa	Washington, D.C.	Thomas Raffa	Dec	33.54	5.90	2	17	21.43	223	1.83	279	6.08	59	17	24	0
92	94	Frazier & Deeter	Atlanta	Seth McDaniel	Dec	33.21	2.79	3	10	-9.09	101	-3.81	135	-2.17	40	41	0	19
93	98	Kemper CPA Group	Greenfield, Ind.	Ronald Dezelan	April	33.15	6.97	26	64	4.92	210	-0.94	307	1.66	43	36	21	0
94	91	Whitley Penn*	Fort Worth, Texas	Larry Autrey	Dec	32.50	NC	2	19	NC	111	-15.91	157	-11.30	45	39	11	5
95	97	Mauldin & Jenkins	Atlanta	Donald Luker	May	32.20	2.22	4	38	2.70	116	-0.85	176	-1.12	74	23	1	2
96	NR	Berry, Dunn, McNeil & Parker	Portland, Maine	John Chandler	June	32.19	13.27	3	19	-5.00	131	9.17	185	8.82	54	23	18	5
97	100	Cohen & Co.	Cleveland	Randy Myeroff	Sept	31.94	3.73	9	24	26.32	162	-13.37	228	-5.00	46	45	2	7
98	99	Kennedy and Coe	Salina, Kan.	Kurtis Siemers	March	31.90	3.24	8	23	NC	136	2.26	218	-5.63	18	54	28	0
99	87	Vavrinek Trine Day & Co.†	Rancho Cucamonga, Calif.	Ron White	Dec	31.85	-2.18	5	30	-9.09	165	-0.60	210	-6.67	67	17	13	3
100	90	Seiler	Redwood City, Calif.	James DeMartini	Dec	31.80	-2.15	2	10	NC	115	-0.86	144	-0.69	20	55	0	25

Notes: * *Firm estimate* † **Accounting Today** *estimate* 12 *Changed name from Watkins, Meegan, Drury* 13 *Employee figures do not include year-end merger with Potter & Co.*
14 *Data include international offices*

附录 3：2010 年中国会计师事务所综合评价前百家信息

事务所名称	综合评价得分名次	会计师事务所综合评价指标					
		2010 年业务收入指标		注册会计师人数指标		综合评价技师指标得分	处罚和惩戒指标应减分值
		金额(万元)	得分	人数	得分		
普华永道中天会计师事务所	1	296064.99	699.70	845	36.80	54.67	
德勤华永会计师事务所	2	260007.09	614.49	801	34.89	52.40	
安永华明会计师事务所	3	209421.50	494.91	926	40.33	48.92	
毕马威华振会计师事务所	4	186202.66	440.06	768	33.45	53.15	
中瑞岳华会计师事务所	5	103929.36	245.62	1311	57.10	49.05	(2.5)
立信会计师事务所	6	81725.01	193.14	832	36.24	56.65	
国富浩华会计师事务所	7	70244.69	166.01	993	43.25	50.04	
天健会计师事务所	8	65034.35	153.70	884	38.50	49.71	
信永中和会计师事务所	9	56395.35	133.28	1040	45.30	54.64	
大信会计师事务所	10	63956.11	151.15	727	31.66	49.39	
立信大华会计师事务所	11	55996.16	132.34	662	28.83	50.02	(1)
天职国际会计师事务所	12	51656.25	122.08	660	28.75	50.32	
中审亚太会计师事务所	13	48732.32	115.17	589	25.65	45.57	
天健正信会计师事务所	14	44226.20	104.52	795	34.63	43.25	(6)
利安达会计师事务所	15	35061.80	82.86	768	33.45	46.77	
京都天华会计师事务所	16	34679.00	81.96	482	20.99	41.11	
中磊会计师事务所	17	23777.15	56.19	447	19.47	44.89	
中审国际会计师事务所	18	22556.19	53.31	386	16.81	38.61	
北京兴华会计师事务所	19	17774.52	42.01	488	21.25	42.02	
五洲松德联合会计师事务所	20	19620.12	46.37	263	11.45	44.99	
中汇会计师事务所	21	20400.00	48.21	203	8.84	44.46	
中准会计师事务所	22	15751.56	37.23	441	19.21	41.81	(2)
中勤万信会计师事务所	23	17072.96	40.35	328	14.29	41.52	
中天运会计师事务所	24	14464.56	34.18	285	12.41	48.44	
北京永拓会计师事务所	25	13635.84	32.23	306	13.33	47.47	(2)
中兴华富华会计师事务所	26	16712.12	39.50	208	9.06	41.05	
江苏公证天业会计师事务所	27	18179.31	42.96	136	5.92	38.43	
江苏天衡会计师事务所	28	17184.67	40.61	157	6.84	39.75	
众环会计师事务所	29	15137.11	35.77	161	7.01	44.37	
华普天健会计师事务所	30	14749.82	34.86	240	10.45	40.50	
江苏苏亚金诚会计师事务所	31	15299.14	36.16	174	7.58	41.74	
上海众华沪银会计师事务所	32	13386.90	31.64	137	5.97	42.99	
中兴财光华会计师事务所	33	10523.97	24.87	378	16.46	41.30	(4)

续表

事务所名称	综合评价得分名次	会计师事务所综合评价指标					
		2010年业务收入指标		注册会计师人数指标		综合评价技师指标得分	处罚和惩戒指标应减分值
		金额(万元)	得分	人数	得分		
深圳市鹏城会计师事务所	34	14295.92	33.79	233	10.15	41.18	(6.5)
北京中天恒会计师事务所	35	12675.12	29.96	233	10.15	36.31	
新联谊会计师事务所	36	10319.43	24.39	171	7.45	43.05	
立信中联闽都会计师事务所	37	9698.97	22.92	151	6.58	41.51	
希格玛会计师事务所	38	8531.39	20.16	174	7.58	42.34	
广东正中珠江会计师事务所	39	9203.66	21.75	120	5.23	42.60	
华寅会计师事务所	40	8970.70	21.20	291	12.67	34.59	
四川华信(集团)会计师事务所	41	8346.98	19.73	125	5.44	42.85	
北京天圆全会计师事务所	42	8349.04	19.73	168	7.32	40.72	
江苏天华大彭会计师事务所	43	10053.02	23.76	120	5.23	38.75	
福建华兴会计师事务所	44	7859.00	18.57	123	5.36	42.87	
立信羊城会计师事务所	45	9127.27	21.57	161	7.01	38.10	(2)
中喜会计师事务所	46	7334.81	17.33	196	8.54	38.24	
北京中路华会计师事务所	47	6400.42	15.13	243	10.58	37.70	
北京中证天通会计师事务所	48	7817.85	18.48	211	9.19	34.58	
重庆康华会计师事务所	49	6068.35	14.34	89	3.88	42.57	
青岛振青会计师事务所	50	7047.26	16.66	166	7.23	35.51	
浙江德威会计师事务所	51	6035.41	14.26	94	4.09	40.67	
北京红日会计师事务所	52	10800.22	25.52	113	4.92	27.71	
亚太(集团)会计师事务所	53	5787.96	13.68	204	8.89	36.58	(1)
浙江天平会计师事务所	54	7057.39	16.68	83	3.61	35.86	
上海公信中南会计师事务所	55	5782.14	13.67	100	4.36	37.71	
天津国信倚天会计师事务所	56	4301.09	10.16	113	4.92	40.36	
中建华会计师事务所	57	6934.31	16.39	125	5.44	33.06	
广东中诚安泰会计师事务所	58	5253.44	12.42	96	4.18	38.10	
湖南建业会计师事务所	59	3493.28	8.26	107	4.66	41.71	
祥浩会计师事务所	60	5008.53	11.84	117	5.10	37.55	
山东天元同泰会计师事务所	61	5542.75	13.10	114	4.97	36.39	
山东汇德会计师事务所	62	5060.33	11.96	115	5.01	37.26	
天津中审联会计师事务所	63	5836.11	13.79	185	8.06	31.72	
上海上会会计师事务所	64	8792.28	20.78	122	5.31	31.03	(4)
北京中瑞诚联合会计师事务所	65	4184.15	9.89	149	6.49	36.59	
浙江至诚会计师事务所	66	4654.69	11.00	74	3.22	38.57	

续表

事务所名称	综合评价得分名次	会计师事务所综合评价指标					
		2010年业务收入指标		注册会计师人数指标		综合评价技师指标得分	处罚和惩戒指标应减分值
		金额(万元)	得分	人数	得分		
北京中平建华浩会计师事物所	67	4629.21	10.94	121	5.27	36.04	
广东中天粤会计师事务所	68	5140.42	12.15	80	3.48	36.48	
山东正源和信会计师事务所	69	5257.83	12.43	98	4.27	39.26	(4)
浙江中兴会计师事务所	70	3819.00	9.03	21	0.91	41.82	
四川中砝会计师事务所	71	3045.00	7.20	78	3.40	40.09	
上海沪港金茂会计师事务所	72	5089.48	12.03	80	3.48	34.73	
中众益(广西)会计师事务所	73	3043.79	7.19	112	4.88	38.12	
沈阳公信会计师事务所	74	3742.77	8.85	53	2.31	38.96	
上海东华会计师事务所	75	4953.74	11.71	124	5.40	32.98	
山东天恒信会计师事务所	76	5142.97	12.15	106	4.62	33.23	
山东大地会计师事务所	77	3090.79	7.30	103	4.49	37.97	
重庆凯弘会计师事务所	78	4534.24	10.72	23	1.00	36.70	
上海仁德会计师事务所	79	3985.57	9.42	8	0.35	38.11	
新疆宏昌天圆会计师事务所	80	2079.00	4.91	113	4.92	37.99	
中一会计师事务所	81	3862.50	9.13	165	7.19	31.44	
南京立信永华会计师事务所	82	5015.80	11.85	92	4.01	41.48	(10)
宁夏天华会计师事务所	83	2434.18	5.75	28	1.22	40.36	
四川中衡安信会计师事务所	84	2770.86	6.55	108	4.70	35.44	
广州健明会计师事务所	85	2686.00	6.35	41	1.79	38.50	
重庆谛威会计师事务所	86	3817.61	9.02	39	1.70	35.90	
上海琳方会计师事务所	87	2953.95	6.98	58	2.53	37.11	
东莞市德正会计师事务所	88	4046.32	9.56	41	1.79	35.07	
江苏华星会计师事务所	89	3109.11	7.35	36	1.57	37.46	
湖南安信联合会计师事务所	90	3389.81	8.01	84	3.66	34.44	
湖南天平正大会计师事务所	91	2668.28	6.31	54	2.35	36.92	
上海迈伊兹会计师事务所	92	3894.49	9.20	33	1.44	33.87	
河北中兴会计师事务所	93	1416.49	3.35	44	1.92	39.22	
北京中咨新世纪会计师事务所	94	1826.59	4.32	62	2.70	37.07	
杭州萧然会计师事务所	95	3047.44	7.20	34	1.48	35.38	
山西国元会计师事务所	96	1496.67	3.54	45	1.96	38.34	
天津广信会计师事务所	97	1943.46	4.59	77	3.35	35.36	
上海沪中会计师事务所	98	2057.91	4.86	43	1.87	36.43	
江苏经纬会计师事务所	99	2083.02	4.92	18	0.78	37.45	
广西正德会计师事务所	100	2135.29	5.05	39	1.70	36.33	

附录 4：2010 年中国广告企业（非媒体服务类）广告营业额前 100 名排序

序号	单位全称	营业额(万元)
1	李奥贝纳广告有限公司	567699
2	盛世长城国际广告有限公司	559302
3	北京电通广告有限公司	456924
4	昌荣传播集团	433200
5	北京恒美广告有限公司上海分公司	418753
6	智威汤逊——中乔广告有限公司上海分公司	376756
7	广东省广告股份有限公司	307863
8	阳狮广告有限公司上海分公司	212887
9	中航文化股份有限公司	157906
10	上海广告有限公司	153124
11	北京市引力光华国际广告有限公司	150131
12	思美传媒股份有限公司	105663
13	上海旭通广告有限公司	75507
14	北京互通联合国际广告有限公司	65000
15	上海美术设计有限公司	64875
16	上海灵狮广告有限公司	64215
17	上海博报堂广告有限公司	62838
18	安徽省金鹏国际广告有限公司	58476
19	上海龙韵广告传播股份有限公司	54558
20	上海先河文化传播有限公司	48133
21	广东广旭广告有限公司	48000
22	上海伊诺盛广告有限公司	42152
23	上海奥美广告有限公司	38362
24	上海印迹广告有限公司	35652
25	福建新恒基广告有限公司	34280
26	四川省巴蜀新形象广告传媒股份有限公司	33961
27	上海畅思广告有限公司	32000
28	山东世纪阳光影视文化传播有限公司	32000
29	湖南幸运星·上扬广告公司	30000
30	灵智精实广告有限公司上海分公司	26616
31	哈尔滨海润国际广告传播(集团)有限公司	25500

续表

序号	单位全称	营业额(万元)
32	长春吉广传媒集团有限公司	20667
33	上海扬子江广告有限公司	19048
34	太原好运达国际广告传媒公司	18619
35	旭通世纪(上海)广告有限公司	17663
36	贵州天马传媒有限公司	17318
37	南京雷迪欧广告公司	16553
38	上海威汉广告有限公司	16109
39	山东长城梅地亚文化传播有限公司	15600
40	北京东方日海广告有限公司	15338
41	旭通(上海)展览广告有限公司	15239
42	上海四维广告印务有限公司	15115
43	上海开隆广告装潢有限公司	13979
44	上海唐神广告传播有限公司	13717
45	中国广告联合总公司	13635
46	天联广告有限公司上海分公司	12129
47	北京东方仁德广告有限公司	12069
48	上海腾迈广告有限公司	12018
49	长沙双赢通利品牌机构	12000
50	上海圣嘉奇文化传播有限公司	11172
51	上海蓝梦广告有限责任公司	10790
52	上海韦柯广告有限公司	10693
53	深圳市风火广告有限公司	10691
54	扬罗必凯(北京)广告有限公司上海分公司	10639
55	广州达彼思(达华)广告有限公司上海分公司	10445
56	博达大桥国际广告传媒有限公司上海分公司	10198
57	山东省国际广告有限公司	9800
58	上海宝迪广告有限公司	9279
59	上海辉可广告有限公司	9265
60	广州交易会广告有限公司	9096
61	上海高得广告传播有限公司	8804
62	上海国泰广告有限公司	8239

续表

序号	单位全称	营业额(万元)
63	百比赫广告(上海)有限公司	8175
64	江苏大唐灵狮广告有限公司	7891
65	上海博唐广告有限公司	7682
66	上海捷睿广告有限公司	7442
67	广东平成广告有限公司	7441
68	上海形家广告设计有限公司	7440
69	陕西汇典传播咨询有限公司	7400
70	上海怡茗广告传播有限公司	6605
71	青岛天马广告有限公司	6500
72	安徽迪赛广告有限公司	6469
73	山东超越文化传播有限公司	6300
74	上海剑创广告策划有限公司	6212
75	湖北东方广告有限公司	6113
76	上海求真广告有限公司	6080
77	昆明连横广告有限公司	5716
78	上海尊尚广告有限公司	5692
79	上海拜占廷广告有限公司	5589
80	上海观池文化传播有限公司	5511
81	上海利东文化传媒有限公司	5418
82	上海华映文化传媒有限公司	5350
83	国网卓越传媒广告(北京)有限公司	5339
84	上海欧润吉广告传播有限公司	5213
85	安徽金运来文化传媒有限公司	5209
86	上海东上海国际文化影视(集团)有限公司	5191
87	苏州工业园区嘉都广告有限公司	5160
88	武汉市大唐有限责任公司	5103
89	上海焦点广告传播有限公司	5100
90	山东智慧广告传媒有限公司	5100
91	中影电通太科广告有限公司上海分公司	4950
92	上海天润广告传播有限公司	4944
93	福建省广告公司	4845

续表

序号	单位全称	营业额(万元)
94	上海麒灵广告有限公司	4839
95	上海奥思广告有限公司	4789
96	上海创亦通广告有限公司	4780
97	宜昌红人广告有限责任公司	4670
98	湖南木林森文化发展有限公司	4662
99	太原华妙广告有限公司	4500
100	上海鸿图大洋广告有限公司	4477

参考文献

1. 陈宏辉. 企业利益相关者的利益要求:理论与实证研究 [M]. 北京：经济管理出版社，2004.

2. 陈和，隋广军. 人力资本密集型企业研究：一个挑战传统理论的话题 [J]. 中国工业经济，2008(7).

3. 陈和. 人力资本密集型企业治理问题研究 [D]. 暨南大学博士学位论文，2009.

4. 大卫·H. 梅斯特. 专业服务公司的管理[M]. 大龙等译. 北京：机械工业出版社，2009.

5. 董华. 技术进步、制度演化与企业多重边界 [D]. 暨南大学博士学位论文，2010.

6. 方竹兰. 人力资本所有者拥有企业所有权是一个趋势——兼与张维迎博士商榷 [J]. 经济研究，1997(6).

7. 冯子标. 人力资本运营论 [M].北京：经济科学出版社，2000.

8. 过聚荣. 公司治理的目标与模式：关于近期公司治理理论的简要评述 [J]. 当代财经，2003(4).

9. 黄桂田，李正权. 企业与市场：相关关系及其性质——一个基于回归古典的解析框架 [J]. 经济研究，2002(1).

10. 泽维尔·维夫斯. 公司治理：理论与经验研究 [M].北京：中国人民大学出版社，2006.

11. 加里·贝克尔. 人力资本理论 [M]. 北京：中信出版社，2007.

12. 江若玫. 企业利益相关者：理论与应用研究 [M]. 北京：北京大学出版社，2009.

13. 陈宏辉，贾生华. 利益相关者理论与企业伦理管理的新发展 [J]. 社会科学，2002(6).

14. 黄少军. 服务业与经济增长 [M]. 北京：经济科学出版社，2000.

15. 金碚. 竞争力经济学 [M]. 广州：广东经济出版社，2003.

16. 李维安.中国公司治理原则与国际比较［M］. 北京：中国财政经济出版社，2001.

17. 李维安，武立东. 公司治理教程［M］. 上海：上海人民出版社，2002.

18. 李维安，张俊喜. 公司治理前沿［M］. 北京：中国财政经济出版社，2003.

19. 林毅夫等. 国有企业改革的核心是创造竞争的环境［J］. 改革，1995(3).

20. 聂辉华. 不完全契约理论：一个综述［J］. 经济研究，2006(2).

21. 聂辉华. 企业：一种人力资本使用权交易的黏性组织［J］. 经济研究，2003b(8).

22. 聂辉华. 企业的本质：一个前沿综述［J］. 产业经济评论，2003a(2).

23. 卢周来. 缔约视角下的企业内部权力之谜［M］. 北京：中国人民大学出版社，2009.

24. 胡景岩. 进入中国服务业［M］. 北京：高等教育出版社，2008.

25. 宁向东. 公司治理理论［M］. 北京：中国发展出版社，2005.

26. 青木昌彦. 比较制度分析［M］. 郑江淮等译. 上海：上海远东出版社，2001.

27. 青木昌彦. 企业的合作博弈理论［M］. 郑江淮等译. 北京：中国人民大学出版社，2005.

28. 钱颖一. 企业治理结构改革和融资结构改革［J］. 经济研究，1995(1).

29. 西奥多·舒尔茨. 论人力资本投资［M］.北京：北京经济学院出版社，1992.

30. 隋广军，陈和. 产业演进下的企业组织的形式及抉择［J］. 国际经贸探索，2007(1).

31. 田明成，郜学爱. 基于人力资本特性的企业人力资源危机管理［J］. 科技管理研究，2007(11).

32. 汪丁丁. 自由移民——后工业时代经济一体化的最终议题［J］. IT 经理世界，2000(1).

33. 王红霞，刘建刚. 试论现代企业中人力资本所有权问题——兼与周其仁、张维迎商榷［J］. 经济科学，1998(6).

34. 王磊. 专业服务业企业内部治理机制建设初探［J］. 财会通讯，2007(11).

35. 王勍然. 专业服务业企业网络关系特征对创新绩效的影响研究［D］. 浙江大学硕士学位论文，2010.

36. 王洋. 企业边界理论的研究——基于科斯思想的演变与发展［M］. 北京：经济科学出版社，2009.

37. 吴宣恭. 产权理论比较——马克思主义与西方现代产权学派［M］. 北京：经济科学出版社，2000.

38. 西奥多·舒尔茨. 对人进行投资——人口质量经济学［M］.北京：首都经贸大学出版社，2002.

39. 谢德仁. 企业的性质：要素使用权交易合约之履行过程［J］. 经济研究，2002(4).

40. 杨继国. 人力资本产权：一个挑战公司治理理论的命题［J］. 经济研究，2002(1).

41. 杨其静. 合同与企业理论前沿综述［J］. 经济研究，2002(1).

42. 杨其静. 企业家的企业理论［M］. 北京：中国人民大学出版社，2005.

43. 杨瑞龙，杨其静. 对"资本雇佣劳动"命题的反思［J］. 经济科学，2000(6).

44. 杨瑞龙，杨其静. 专用性、专有性与企业制度［J］. 经济研究，2001(3).

45. 杨瑞龙，周业安. 企业共同治理的经济学分析［M］. 北京：经济科学出版社，2001.

46. 杨瑞龙主编. 企业理论：现代观点［M］. 北京：中国人民大学出版社，2005.

47. 杨小凯，黄有光. 专业化与经济组织：一种新兴古典微观经济学框架［M］. 张玉纲译. 北京：经济科学出版社，1999.

48. 杨松武. 上市公司治理机制：基于两类代理成本的研究［M］. 北京：经济管理出版社，2009.

49. 尹振东，李飞. 合伙制与雇佣制的选择：基于控制权的视角［J］. 世界经济文汇，2009(3).

50. 应宏锋，白丽娜. 试论人力资本特性与公司人力资本风险防范应［J］. 当代经济科学，2006(1).

51. 张建琦. 人力资本的性质与企业的剩余分配［J］. 中国工业经济，2001(5).

52. 张晓峰. 基于权力视角下的公司治理研究［D］. 山东大学博士学位论文，2008.

53. 张维迎. 所有制、治理结构及委托—代理关系——简评崔之元和周其仁的一些观点［J］. 经济研究，1996(9).

54. 张维迎. 企业的企业家：契约理论［M］. 上海：上海三联出版社，2005.

55. 张耘.北京生产性服务业辐射力研究［M］. 北京：经济科学出版社，2001.

56. 郑海航，时永顺. 对人力资本产权的理论分析［J］. 经济学动态，2004(11).

57. 郑琴琴. 开放市场下中国本土专业服务业企业的定位与成长［J］.经济管理，2007(21).

58. 周其仁. 市场里的企业：一个人力资本与非人力资本的特别合约 [J]. 经济研究，1996(6).

59. Abowd, J. A. and T. Lemieux. The effects of product market competition on collective bargaining agreements: the case of foreign competition in Canada [J]. Quarterly Journal of Economics, 1993, 108(4): 983–1014.

60. Abowd, J. M., F. Kramarz and D. N. Margolis. High wage workers and high wage firms [J]. Econometrica, 1999, 67(2): 251–333.

61. Aghion, P. and J. Tirole. Formal and real authority in organizations [J]. Journal of Political Economy, 1997, 105(1): 1–29.

62. Akerlof, G. A. The market for lemons: quality uncertainty and the market mechanism [J]. Quarterly Journal of Economics, 1970, 84(3): 488–500.

63. Albert, A. and K. Bradley. Managing knowledge: experts, agencies and organizations [M]. Cambridge: Cambridge University Press, 1997.

64. Alchian, A. Some economics of property rights [J]. Il Politico, 1965, 30:816–829.

65. Alchian Armen, Demsetz Harold. Production, information costs and economic organization [J]. American Economic Review, 1972(62).

66. Alvesson, M. Management of knowledge–intensive companies [M].Berlin: Walter Degruyter Publishers.

67. Asher, C. C., J. M. Mahoney and J. T. Mahoney. Towards a property rights foundation for stakeholder theory of the firm [J]. Journal of Management and Governance, 2005, 9(1): 5–32.

68. Ayse, M. Strategic disclosure of firm–specific skills in wage bargaining. MPRA Working Paper, 1999.

69. Baker, G. M. Jensen and K. Murphy. Compensation and incentives: practice vs. theory [J]. Journal of Finance, 1988, 63(3):593–616.

70. Baker, G., R. Gibbons and K. J. Murphy. Relational contracts and the theory of the firm [J]. Quarterly Journal of Economics, 2002, 117(1):39–84.

71. Baldwin, C. Productivity and labor unions: an application of the theory of self–enforcing contracts [J]. Journal of Business, 1983, 56(2):155–185.

72. Bar–Isaac, H. Something to prove: reputation in teams [J]. RAND Journal of Economics, 2007, 38(2):495–511.

73. Bar-Isaac, H. and Tadelis, S. Seller reputation. World Scientific Press, 2008.

74. Barney, J. B. Firm resources and sustained competitive advantage [J]. Journal of Management, 1991, 17(1): 99-120.

75. Barney, J. B. Returns to bidding firms in mergers and acquisitions: reconsidering the relatedness hypothesis [J]. Stragegic Management Journal, 2007, 9: 71-78.

76. Beaudry, P. and D. A. Green. Changes in U.S. wages, 1976-2000: ongoing skill bias or major technological change? [J]. Journal of Labor Economics, 2005, 23(3): 609-648.

77. Berle, A. A. and G. C. Means. The modern corporation and private property [M]. New York: Harcourt, Brace and World, 1932.

78. Blair, M. M. Ownership and control: rethinking corporate governance for the twenty first century [M]. Washington D. C.: Brookings Institution Press, 1995.

79. Blair, M. M.and L. A. Stout. A team production theory of corporate law [M]. Virginia Law Review, 1999, 85(2).

80. Blair, M. M. Firm-specific human capital and theories of the firm. SSRN Woking Paper, 2003.

81. Blair, M. M. and T. A. Kochan. The new relationship: human capital in the American corporation [M]. Washington, D. C.: Brookings Institution Press, 2000.

82. Blair, M. M., D. Kruse and J. Blasi. Is employee ownership an unstable form? or a stabilizing form? In: Blair, M. M. and T. A. Kochan (eds.), The new relationship: human capital in the American corporation [C]. Washington, D. C.: Brookings Institution Press, 2000.

83. Blanchflower, D. G., A. J. Oswald and P. Sanfey. Wages, profits and rent-sharing [J]. Quarterly Journal of Economics, 1996, 111(1): 227-251.

84. Bonin, J. P. and L. Putterman. Economics of cooperation and the labor-managed economy [M]. New York: Harwood Press, 1987.

85. Busch, L. and Q. Wen. Perfect equilibria in a negotiation model [J]. Econometrica, 1995, 63(3): 545-565.

86. Cahuc, P., F. Postel-Vinay and J. Robin. Wage bargaining with on-the-job search: theory and evidence [J]. Econometrica, 2006, 74(2): 323-364.

87. Casson, M. The enterpreneur: an economic theory [M]. Oxford: Martin Robertson Press, 1982.

88. Casson, M. Information and organization: a new perspective on the theory of the firm [M]. Oxford: Clarendon Press, 1997.

89. Chandler, A. D. Strategy and structure: chapters in the history of the American industrial enterprise [M]. Cambridge: MIT Press, 1962.

90. Chandler, A. D. The visible hand: the managerial revolution in American business [M]. Cambridge: Harvard University Press, 1977.

91. Chandler, A. D. Scale and scope: The dynamics of industrial capitalism [M]. Cambridge : Harvard University Press, 1990.

92. Che, Y. K. and S. W. Yoo. Optimal incentives for teams [J]. American Economic Review, 2001, 91(3):525–541.

93. Coase, R. The nature of the firm [J]. Economica, 1937, 14(3):386–405.

94. Coff, R. W. Human asset and management dilemmas: coping with hazards on the road to resource–based theory [J]. Academy of Management Review, 1997, 22(2):374–402.

95. Coff, R. W. When competitive advantage doesn't lead to performance: the resource–based view and stakeholder bargaining power [J]. Organization Science, 1999a, 10 (2): 119–133.

96. Coff, R. W. How buyers cope with uncertainty when acquiring firms in knowledge intensive industries: caveat emptor [J]. Organization Science, 1999b, 10(2):144–161.

97. Coff, R. W. Human capital, shared expertise, and the likelihood of impasse in corporate acquicitions [J]. Journal of Management, 2002, 28(1):107–128.

98. David H. Maister.Managing the professinoal service firm [M]. Free Press, 1993.

99. Demsetz, H. Toward a theory of property Rights [J]. American Economic Review, 1967, 57(2):347–359.

100. Dow, G. K. and L. Putterman. Why capital suppliers (usually)hire workers: what we know and what we need to know [J]. Journal of Economic Behavior and Organization, 2000, 43(3):319–337.

101. Dow, G. K. Governing the firm: workers'control in theory and practice [M]. Cambridge: Cambridge University Press, 2003.

102. Drucker, P. The coming of the new organization [J]. Harvard Business Review, 1998, 66(1):1–19.

103. Empson, L. and C. Chapman. Partnership versus corporation: implications of

alternative forms of governance in professional service firms. In: Greenwood, R. and R. Suddaby(eds.). Professional Service Firms [C]. Oxford : JAI Press, 2006.

104. Farrell, J. and S. Scotchmer. Partnerships [J]. Quarterly Journal of Economics, 1988, 103(2): 279-297.

105. Fama, E. and M. Jensen. Separation of ownership and control [J]. Journal of Law and Economics, 1983, 26(2): 301-325.

106. Foss, N. J. Strategy, economic organization and the knowledge economy: the coordination of firms and resourses [M]. Oxford: Oxford University Press, 2005.

107. Freeman, R. E. Strategic management: a stakeholder approach [M]. Boston: Pitman Press, 1984.

108. Furubotn, E. G. and S. Pejovich. Property rights and economic theory: a survey of recent literature [J]. Journal of Economic Literature, 1972, 10(4): 1137-1162.

109. Garicano, L. and T. Santos. Referrals [J]. American Economic Review, 2004, 94(3): 499-525.

110. Gillan, S.L. Starks, L. T. A survey of shareholder activism: motivation and empirical evidence [M]. Contemporary Finance Digest, 2006, 2(3).

111. Greenwood, R. and L. Empson. The professional partnership: relic or exemplary form of governance [J]. Organization Studies, 2003, 24(6): 909-933.

112. Greenwood, R. and R. Suddaby. Professional service firms [M]. Oxford : JAI Press, 2006.

113. Greenwood, R. S. X. Li, R. Prakash and D. L. Deephouse. Reputation, diversification and organizational explanations of performance in professional service firms [J]. Organization Science, 2005, 16(6): 661-673.

114. Greenwood, R. D. L. Deephouse and S. X. Li. Ownership and performance of professional service firms [J]. Organization Studies, 2007, 28(2): 219-238.

115. Grossman, S. J. and O. Hart. The costs and benefits of ownership: a theory of vertical and lateral integration [J]. Journal of Political Economy, 1986, 94(4): 691-719.

116. Hanlon G. Institutional forms and organizational structures: homology, trust and reputational capital in professional service firms [J]. Organization, 2004, 11(2): 187-210.

117. Hansen, M. N. Nohria and T. Tierney. What's your strategy for managing knowledge [J]. Harvard Business Review, 1999, 77(2): 106-118.

118. Hansmann, H. The ownership of enterprise [M]. Cambridge: Harvard University Press, 1996.

119. Hart, O. Firms, contracts and financial structure [M]. Oxford: Oxford University Press, 1995.

120. Hart, O. and J. Moore. Property rights and the nature of the firm [J]. Journal of Political Economy, 1990, 98(6): 1119-1158.

121. Jensen, M. and W. Meckling. Theory of the firm: managerial behavior, agency costs and ownership structure [J]. Journal of Financial Economics, 1976, (3): 305-360.

122. Jensen and Ruback. The market for control: the scientific evidence. Journal of Financial Economics [J], 1983: 115-50.

123. Jensen, M. and K. Murphy. Performance pay and top-management incentives [J]. Journal of Political Economy, 1989, 98(2): 225-264.

124. Kirzner, I. M. Competition and enterpreneurship [M]. Chicago: Chicago University Press, 1973.

125. Klein, B., R. G. Crawford and A. A. Armen. Vertical integration, appropriable rents and the competitive contracting process [J]. Journal of Law and Economics, 1978, 21(2): 297-326.

126. Knight, F. H. Risk, uncertainty and profit [M]. Boston: Houghton Mifflin Company, 1921.

127. Levin, J. and S. Tadelis. Profit sharing and the role of professional partnership [J]. Quarterly Journal of Economics, 2005, 120(1): 131-171.

128. Lorsch J. W. and T. J. Tierney. Aligning the stars [M]. Cambridge: Harvard Business School Press, 2002.

129. Lowendahl, BR. Strategic management of professional service firms [M].Copenhagen Business School Press, Copenhagen, 1997.

130. Lowendahl and Revang. Knowledge and value creation in professional service firms: a framework for analysis [J]. Human Relations, 2001, 54(7): 911-931.

131. Lowendahl, B. R. Strategic management of professional service firms [M]. Copenhagen: Copenhagen Business School Press, 2005.

132. Lucas, D. and R. McDonald. Equity issues and stock price dynamics [J]. Journal of Finance, 1990, 45(4): 1019-1043.

133. Mailath, G. J. and A. Postlewaite. Workers versus firms: bargaining over a firm's value [J]. Review of Economic Studies, 1990, 57(3): 369-380.

134. Malhotra, N., T. Morris and C. R. Hinings. Variation in organization form among professional service organizations. In: Greenwood, R. and R. Suddaby (eds.), Professional service firms [C]. Oxford: JAI Press, 2006.

135. Margaret, M. B., D. L. Kruse and J. Blasi. Employee ownership: an unstable form or a stabilizing Force? In: Margaret M. B. and T. Kochan (eds), The new relationship: human capital in the American corporation [C]. Washington, D. C.: Brookings Institution Press, 2000.

136. Margaret, M. B., G. M. Hoffman and S. P. Tamburo. Clarifying intellectual property rights for the new economy. Georgetown Law and Economics Research Paper, 2001.

137. Maskin, E., J. Tirole. Unforeseen contingencies and incomplete contracts [J]. Review of Economic Studies, 1999, 66(1): 83-114.

138. Miller, N. H. Efficiency in partnership with joint monitoring [J]. Journal of Economic Theory, 1997, 77(2): 285-299.

139. Morris, T. and L. Empson. Organization and expertise: an exploration of knowledge bases and the management of accounting and consulting firms [J]. Accounting, Organizations and Society, 1998, 23(5): 609-624.

140. Morris, T. and A. Pinnington. Patterns of profit-sharing in professional firms [J]. British Journal of Management, 1998a, 9: 23-39.

141. Morris, T. and A. Pinnington. Promotion to partner in professional service firms [J]. Human Relations, 1998b, 51(1): 3-24.

142. Morrison, A. D. and J. W. Wilhelm. Partnership firms, reputation and human capital [J]. American Economic Review, 2004, 94(5): 1682-1692.

143. Muller, H. M. and K. Warneryd. Inside versus outside ownership: a political theory of the firm [J]. Rand Journal of Economics, 2001, 32(3): 527-542.

144. Nachum, L. The origins of the international competitiveness of firms: the impact of location and ownership in professional service industries [M]. Edward Elgar and Aldershot, 1999.

145. Osborne, M. J. and A. Rubinstein. Bargaining and markets [M]. London: Academic Press, 1990.

146. Penrose, E. T. Theory of the growth of the firm [M]. New York: John Wiley & Sons

Press,1959.

147. Pagano,M.,F. Panetta and L. Zingales. Why do company go public? An empirical Analysis [J]. Journal of Finance,1998,53(1):27–64.

148. Prahalad,C. K. and G. Hamel. The core competence of the corporation [J]. Harvard Business Review,1990,68(3):79–91.

149. Rajan R. G. and L. Zingales. Power in a theory of the firm [J]. Quarterly Journal of Economics,1998,113(2):387–432.

150. Rajan R. G. and L. Zingales. The governance of the new enterprise. NBER Working Paper,2000.

151. Rajan R. G. and L. Zingales. The influence of the financial revolution on the nature of firms [J]. American Economic Review,2001a,91(2):206–211.

152. Rajan R. G. and L. Zingales. The firm as a dedicated hierarchy: a theory of the origins and growth of firms [J]. Quarterly Journal of Economics,2001b,116(3):805–851.

153. Rajan,R. G. and J. Wulf. The flattening firm: evidence from Panel Data on the changing nature of corporate [J]. Review of Economics and Statistics,2006,88(4):759–773.

154. Rebitzer,J. B. and L. J. Taylor. When knowledge is an asset: explaining the organizational structure of large law firms [J]. Journal of Labor Economics,2007,25(2): 201–229.

155. Richter,A. and S. Niewiem. The changing balance of power in the consulting market [J]. Business Strategy Review,2004,15(1):8–13.

156. Richter,A. and K. Schroeder. Determinants and performance effects of the allocation of ownership rights in consulting firms [J]. Journal of Organizational Behavior, 2008,29(6),Forthcoming.

157. Ritter,J. R. and I. Welch. A review of IPO activity,pricing,and allocations [J]. Journal of Finance,2002,57(4):1795–1828.

158. Roberts,J. and E. V. Steen. Shareholder interests,human capital investment and corporate governance. Working Paper,2000.

159. Rosen,S. The theory of equalizing differences. In:Elsevier (eds.). Handbook of labor economics [C]. 1987,1(1):641–692.

160. Sang–Woo Nam. Employees in Asian enterprises: their potential role in corporate governance. ADB Institute Research Paper, 2003,52.

161. Scott, M. C. The intellect industry: profiting and learning from professional service firms [M]. New York: J. Wiley & Sons Press, 1998.

162. Schumpeter, J. A. The theory of economic development: an inquiry into profits, capital, credit, interest and the business cycle [M]. Cambridge: Harvard University Press, 1934.

163. Shafer, W., D. Lowe and T. Fogarty. The effects of corporate ownership on public accountants' professionalism and ethics [J]. Accounting Horizons, 2002, 16(2): 109–125.

164. Sharma, A. Professional as agent: knowledge asymmetry in agency exchange [J]. Academy of Management Review, 1997, 22(3): 758–798.

165. Sintes, C. Firm-specific human capital: returned on the link between the nature, the boundaries and the governance of the firm [J]. Working Paper, 2006.

166. Solow, R. M. Technical change and the aggregate production function [J]. Review of Economics and Statistics, 1957, 39(3): 312–320.

167. Starbuck, W. H. Learning by knowledge-intensive firms [J]. Journal of Management Studies, 1992, 29(6): 713–740.

168. Stewart, T. A. The wealth of knowledge: intellectual capital and the twenty-first century organization [M]. New York: Random House, 2001.

169. Stole, L. A. and J. Zwiebel. Organizational design and technology choice under intrafirm bargaining [J]. American Economic Review, 1996, 86(1): 195–222.

170. Stole, L. A. and J. Zwiebel. Intrafirm bargaining under non-binding contracts. Review of Economic Studies, 1996, 63(3): 375–410.

171. Subramanian, K. Firm boundaries in the new economy: theory and evidences. Working Paper, 2007.

172. Swart, J. and N. Kinnie. Sharing knowledge in knowledge-intensive firms [J]. Human Resource Management Journal, 2003, 13(2): 60–75.

173. Tadelis, S. What's in a name? Reputation as a tradeable asset [J]. American Economic Review, 1999, 89(3): 548–563.

174. Teece, D. J. Expert talent and the design of professional services Firms [J]. Industrial and Corporate Change, 2003, 12(4): 895–916.

175. Thaler, R. H. The winner's curse: paradoxes and anomalies of economic life [M]. New York: The Free Press, 1992.

176. Tirole, J. Incomplete contract: where do we stand? [J]. Econometrica, 1999, 67 (4): 741–781.

177. Van Lent, L. The economics of an audit firm: the benefits of partnership governance [J]. British Accounting Review, 1999, 31: 225–254.

178. Van Reenen, J. The creation and capture of rents: wages and innovation in a panel of U.K. companies [J]. Quarterly Journal of Economics, 1996, 111(1): 195–226.

179. Van Zandt, T. Real-time decentralized information processing as a model of organizations with boundedly rational agents [J]. Review of Economic Studies, 1999, 66(3): 633–658.

180. Von Nordenflycht, A. The demise of the professional partnership? The emergence and diffusion of publicly-traded professional service firms. Simon Fraser University Working Paper, 2006.

181. Von Nordenflycht, A. Is public ownership bad for professional service firms? AD agency ownership, performance and creativity [J]. Academy of Management Journal, 2007, 50 (2): 429–445.

182. Williamson, O. E., M. J. Wachter and J. E. Harris. Understanding the employment relation: the analysis of idiosyncratic exchange [J]. Bell Journal of Economics, 1975, 6(1): 250–278.

183. Williamson, O. E. The economic institutions of capitalism: firms, markets and relational contracting [M]. New York: The Free Press, 1985.

184. Zander, U. and B. Kogut. Knowledge and the speed of the transfer and imitation of organizational capabilities: an empirical test [J]. Organization Science, 1995, 6(1): 76–92.

185. Zingales, L. Insider ownership and the decision to go public [J]. Review of Economic Studies, 1995, 62(3): 425–448.

186. Zingales, L. In search of new foundation [J]. Journal of Finance, 2000, 55(4): 1623–1653.

后　记

近年来专业服务业在中国发展迅猛。笔者有机会与不同领域的专业服务业企业近距离接触和交往，时常发现一些非常有趣的现象和问题。带着对这些问题与现象的思考，笔者试图运用经济学的研究方法，以期上升到学术的高度，并从中寻找答案。

本书是在笔者博士论文的基础上修改完成的。在此，首先感谢我的博士生导师姜长云研究员。恩师严谨的治学态度、广博的学识修养、超强的梳理能力、豁达坚毅的道德品格，以及对政策研究的洞察力和把握力使我受益匪浅。师恩师情，山高水深，恩师的学术境界和精神境界，成为激励着我不断进取的力量源泉，并将成为我一生努力学习的榜样。

其次，感谢暨南大学经济学系的各位老师们。在这里我曾追随杨英教授以及李郁芳教授、刘金山教授、陈雪梅教授、梅林海教授、吴江教授、龚唯平教授、王兵教授、刘景章老师、成品兴老师、罗映绿老师等诸位老师学做学问、学做人，并深得先生和老师们的教诲和关爱；老师们运用他（她）们各自擅长的教育方法给我传道授业解惑，并与我分享思想盛宴。

再次，感谢我所供职单位总经理傅劲锋博士。他为我创造了极其有利的学习条件，并让我懂得了“博观约取、厚积薄发”的真正内涵；还让我获取到了“多做普适价值观所倡导的事，不盲从领导，为未来蓄势；做一个明白人情事理的人，不执着理论，为明天积缘”的职场格言。

当然，还要感谢家人对我的支持。爱妻何碧莹和我彼此尊重，互留空间，在学业上她给予了我最大的鼓励与支持；岳父、岳母视我为己出，给我提供了最好的学习和工作条件；母亲为不给我太大负担，一直与姐姐住在一起；女儿的童真时常给我们增添欢声和笑语。

学无止境，我深知本书还存在很多不足，甚至有错误疏漏之处，还望得到多方指正。我将继续努力，以期使自己不断求索，不断进步！

石弘华

2011 年 11 月于暨南园